LE MARIAGE CATHOLIQUE à la lumière de la BIBLE

Archevêché de Paris

Service de l'imprimatur

N° 2019/1

Auteur : P. Philippe de KERGORLAY

Titre : Le mariage catholique à la lumière de la Bible

Éditeur : Auto-édition

Nihil obstat, le 15 janvier 2019   Imprimatur, le 15 janvier 2019

F. de CHAIGNON Cens. dep.   Mgr P. CHAUVET, Vic. Ep.

Secrétariat :
P. Gérard PELLETIER
37, rue de Picpus
75012 PARIS

LE MARIAGE CATHOLIQUE à la lumière de la BIBLE

Philippe de KERGORLAY, prêtre

Édition : BoD – Books on Demand

12/14 rond-point des Champs-Élysées, 75008 Paris

Impression : Books on Demand GmbH, Norderstedt, Allemagne

ISBN : 978-2-3221-5218-6

Dépôt légal : octobre 2019

Préface

Dès le début de mon ministère, j'ai été amené à interroger l'Ecriture et la Tradition. Ce n'était pas par curiosité intellectuelle ni par goût de la spéculation.

Mais les fidèles dont j'avais charge étaient dans des situations que je n'avais jamais imaginées au séminaire. Je passais du théorique au réel. J'avais en face de moi des vraies personnes et non pas des cas d'école. ils me faisaient confiance et je n'avais pas le droit de les décevoir ou de les mener en bateau. Il ne s'agissait pas de leur faire plaisir, ou de trouver des astuces et des compromis plus ou moins diplomatiques. Il s'agissait de leur faire vivre la Bonne Nouvelle de Jésus Christ dans leur vie concrète en actes et en vérité.

Dans ma première paroisse, beaucoup de familles étaient très modestes. Les parents mettaient les enfants au catéchisme pour « leur donner des valeurs » dont ils n'avaient pas toujours bénéficié. Ils n'étaient toujours pas très à l'aise dans l'église et lors de la première communion de leur enfant, certains venaient me voir pour demander s'ils pouvaient – s'ils devaient – communier eux aussi en cette occasion.

Ils ne revendiquaient pas, comme on voit dans les paroisses riches. Ils ne prétendaient à aucun droit. Ils voulaient seulement trouver leur place dans l'assemblée de l'Eglise.

Je pouvais répondre par des considérations disciplinaires en fonction des sacrements qu'ils avaient ou non reçus, par rapport à leur état marital. Mais plus important que ces directives à donner, il fallait trouver pour tous un chemin spirituel, une incarnation juste de la Révélation divine dans la vie concrète de chacun d'eux sans tricher et sans juridisme plus ou moins souple, plus ou moins raide.

Habité par tous ces visages, j'ai donc ouvert la Bible non pas comme un objet d'études mais comme « une lettre adressée par Dieu tout-puissant à sa créature » (St Grégoire le Grand, Ep.5,46).

Mais puisque ces écritures ont été engendrées par la rencontre personnelle de Dieu avec son peuple, du Christ avec ses disciples, il me fallait aussi interroger la Tradition qui les ont vu naitre, grandir et qui nous les ont transmises. Aussi je me suis passionné en même temps pour les Pères, d'autant que, pour la plupart, ils étaient des pasteurs et qu'ils n'écrivaient que pour répondre aux besoins de leur troupeau. En cela, ils ont été mes maîtres non pas seulement pour la doctrine mais pour la pastorale. La distinction des deux plans ne peut d'ailleurs jamais être une séparation. Un pasteur qui ferait fi de la doctrine serait comparable à un maçon qui veut bâtir une maison sans faire de plans.

Il y a peut-être des théologiens en chambre qui font des spéculations doctrinales pour le plaisir. Grand bien leur fasse ! Mais il n'y a pas de pasteur digne de ce nom qui puisse se passer d'une réflexion doctrinale incessante.

Introduction

a) Les notes qui suivent sont des méditations qui ont mûri depuis 35 ans. Elles sont le fruit de mes rencontres, des entretiens avec tous ceux que Dieu a pu me confier, chrétiens ou non. C'est grâce à eux que le Christ m'a parlé dans l'Ecriture et la Tradition. Et je ne puis que partager le sentiment de reconnaissance que St Grégoire le Grand exprime à ses fidèles :

« *J'apprends pour vous ce que j'enseigne au milieu de vous.*
Oui, vraiment, ce que je dis, je l'entends en même temps que vous.
Si je ne comprends pas le texte du prophète, cela est dû à ma propre cécité.
Si j'arrive à comprendre avec justesse, cela est dû à votre attitude respectueuse, dans une fonction qui (vous) vient de Dieu. » *(Homélie sur Ezekiel II, 1)*

Ainsi, le pasteur découvre le sens de l'Ecriture dans son dialogue avec la communauté ecclésiale et dans l'écoute de l'Esprit dont il a tant besoin pour assumer sa charge. C'est pourquoi, à titre d'exemple, le statut du « prêtre étudiant » à qui l'on retire toute charge pastorale pour se consacrer à ses seules études me paraît faire courir le risque d'une schizophrénie spirituelle : la source d'inspiration du prêtre diocésain n'est-elle pas la charité pastorale en acte ? Le Pape François lançait cette exhortation récemment : « *S'il vous plaît, n'oubliez pas qu'avant d'être maîtres ou docteurs, vous êtes et devez rester prêtres, pasteurs du peuple de Dieu !* » (Au Conseil pontifical brésilien, 21/10/1997)

On parle d' « exégèse spirituelle », d' « exégèse dogmatique »... et d'exégèse tout court !

Je m'aventure à suggérer le concept d' « **exégèse pastorale** », qui consiste en une étude du texte sacré en vue d'un partage avec les fidèles qui sont confiés au pasteur. Ce qui m'a frappé en les étudiant, c'est que les pères de l'Eglise n'ont pas cessé de scruter les Ecritures en dialogue avec leur peuple. Nous n'avons pas parmi eux de penseurs en retrait comme Jean-Jacques Rousseau ou Kant, qui réfléchissent en solitaires, mais des responsables de communautés, affrontés à des circonstances parfois tragiques. Les Pères sont d'abord des pasteurs. Là encore, je reconnais en St Grégoire mon guide :

> *« Nous devons méditer sans cesse ce qui est dit aux Apôtres, et à nous par les Apôtres : « Vous êtes le sel de la terre » (Mt 5, 13). Si nous sommes sel, nous devons assaisonner l'âme des fidèles. Vous qui êtes des pasteurs, songez que vous faites paître le troupeau de Dieu. De ce troupeau, il est dit à Dieu par le psalmiste : « Ton troupeau y habitera » (Ps 67, 11). Or nous voyons qu'une pierre à*

*sel est souvent placée devant les bêtes privées de raison, pour qu'elles lèchent la pierre à sel et s'en portent mieux. Tel une pierre à sel parmi les bêtes, tel doit être le prêtre au milieu de son peuple. Car **il faut que le prêtre étudie ce qu'il dit à chacun,** comment avertir chacun : qu'au contact du prêtre comme au contact du sel chacun soit pénétré de la saveur de la vie éternelle. Nous ne sommes pas le sel de la terre si cette saveur ne pénètre pas le cœur de nos auditeurs. » (Homélie XVII, 9).*

Le prêtre d'aujourd'hui en France est interrogé sur toutes sortes de sujets de société : famille, finance, éthique médicale, rencontre des autres religions, laïcité, exclusion sociale, Europe, responsabilité en entreprise, sécurité.... La formation permanente est devenue une nécessité. D'autres cultes en ressentent également le besoin (voir le livre de Tariq Oubrou, « *Profession Imam* »). Il est loin où monsieur le curé pouvait consacrer à ses rosiers de longues heures entre une cérémonie et une visite de malade (même si le jardinage m'est une détente salutaire !) ou rédiger une monographie érudite sur une curiosité de la région.

b) Dans ce livre, je traiterai particulièrement de **la sexualité et du mariage**. Pourquoi ? Parce que cela fut le domaine où je fus le plus vite interpellé :
- dans ma première paroisse, où la misère était fréquente dans les HBM et les squats, il y avait de beaucoup de situations matrimoniales « irrégulières » : concubinages, remariages, foyers monoparentaux…
- pendant mes 11 années d'aumônerie de prison, j'ai eu à accompagner de nombreux délinquants sexuels (22% des détenus en France). Beaucoup n'étaient pas des « pervers » au sens populaire du terme mais des hommes et des femmes qui avaient « dérapé », faute de repères et parfois sous la pression des circonstances. Mon rôle n'était pas de leur faire la morale mais leur proposer un chemin spirituel pour se reconstruire.
- À St Louis d'Antin, j'ai eu un rôle de confesseur pendant 7 ans et j'ai eu la lourde tâche de conseiller au mieux des personnes, parfois dans des situations douloureuses.
- Actuellement, en tant que curé d'une grande paroisse, j'ai la responsabilité de la préparation au mariage et du catéchuménat. Certaines des notes qui suivent ont été rédigées à l'intention des laïcs qui assurent ces précieux services d'Eglise, Je m'en sers auprès des lycéens dont je suis aumônier depuis 10 ans.

On trouvera d'abord un commentaire sur quelques passages d'Ecriture puis des applications pastorales. J'espère être fidèle à la foi catholique.

Je souhaite aussi ne pas être ennuyeux ou flou, et je voudrais bien éviter la critique acerbe d'Ernest Renan contre l'enseignement poussiéreux des séminaires de son temps, produisant : « *un christianisme désossé en quelque sorte, sans charpente, privé de ce qui est son essence... On croit avoir fait des chrétiens : on a fait des esprits faux, des politiques manqués. Malheur au vague ! Mieux vaut le faux* » (Souvenirs d'enfance et de jeunesse, Nelson, Calmann-Levy, 1846, p.217)

c) La sexualité humaine et le mariage chrétien ne se comprennent qu'à la lumière de l'alliance entre Dieu et l'humanité dont la Bible nous relate l'histoire.

Il me semble que trop souvent on centre la préparation au mariage sur la communication et la vie affective du couple, en laissant les enfants de côté (et les belles-familles !).

Ces aspects sont importants, mais d'autres pourraient et devraient les traiter aussi bien que nous. Je ne suis pas sûr, en tant que prêtre, d'être dans mon domaine de compétence. Quant aux couples qui animent la préparation au mariage, ils doivent veiller à ne pas projeter leur expérience personnelle sur des fiancés dont les situations sont de plus en plus complexes.

Ceci dit, l'expérience montre que notre monde n'offre que peu de propositions d'accompagnement vers le mariage.. Au niveau simplement humain, l'Eglise pallie une déficience d'une société sans repères, et certains fiancés non-croyants se déclarent enthousiastes des sessions organisées, ne serait-ce que par tout qui se dit au niveau des relations affectives.

En revanche, là où nous dépassons ce rôle de suppléance des manques de la société civile, c'est quand nous aidons les fiancés à discerner l'amour et le pardon de Dieu dans leurs vies, à découvrir la passion du Christ pour son Eglise. Voilà qui peut leur donner des clefs spirituelles pour relire leur histoire et envisager l'avenir.

Le Cardinal Jean-Marie Lustiger pouvait écrire :
« *le mariage est éclairé comme sacrement de l'union de Dieu et de son peuple, **et non pas l'inverse**. En d'autres termes, ce n'est pas l'amour humain qui éclaire le mystère de Dieu, c'est le mystère de Dieu qui permet de comprendre quelque chose de l'amour humain.* » (Cardinal Lustiger, La Promesse, Parole et Silence, 2002, p.18)

La dimension sacramentelle, loin d'être un simple ajout religieux au mariage humain, en manifeste la raison première et ultime.

Depuis Ambroise de Milan jusqu'à Hincmar de Reims ou Hugues de St Victor, le concept de sacrement, en particulier quand elle est appliquée au mariage, s'enracine par l'Ecriture dans la relation entre Dieu et Son peuple.

Voilà pourquoi il paraît opportun de jeter un coup d'œil sur la notion d'Alliance, telle qu'elle se déploie au cours de l'Histoire Sainte, et comment elle rejoint la vie et le projet des fiancés..

Ces notes d'exégèse pastorale sont l'occasion de rendre grâce à Dieu pour les pères et les docteurs de l'Eglise qui m'ont guidé en particulier Irénée, Tertullien, Origène, Jerôme, Léon le Grand, Grégoire le Grand, Hincmar de Reims et Hughes de St Victor. Tous n'ont pas écrit expressément sur le mariage mais ils m'ont éclairé, chacun à leur manière, sur l'anthropologie biblique.
Plus près de moi, je veux remercier Neda, Sabrina, Karima et Isabelle dont les questions m'ont tant apporté

Les récits d'origine

Gn 1-2-3

Contexte
Les récits de création sont tardifs et furent produits après l'Exil et le retour à Jérusalem : le peuple est alors misérable : la reconstruction du Temple s'effectue au milieu de nombreux problèmes administratifs et financiers : des étrangers se sont installés dans l'ancienne ville sainte et – en dépit de l'édit de Darius en faveur des Juifs – n'entendent pas laisser la place. Les derniers prophètes sont l'écho du découragement qui saisit les fils d'Israël. Que veut dire être le « peuple de Dieu », avoir un Dieu Tout-Puissant et bon, quand tout va mal ? Quelle est la destinée humaine ? Qu'espérer encore ? Pourquoi le mal ? La création de Dieu est-elle bonne ? Quelle est la place de l'homme devant Dieu et dans le monde ?

Pour la première fois de son histoire, le peuple se pose la question non plus de son avenir particulier comme Israël mais de la destinée de l'Homme en général. Les notions d'élection, d'alliance ou de promesses se définissent en termes universalistes.

En même temps, la mentalité biblique répugne à l'abstraction : aussi la réflexion anthropologique provoquée par le malheur de l'Exil et du retour prend-elle la forme de **récits** dont la portée est philosophique et théologique. Non seulement la trame narrative et ses finesses de style sont souvent plus riches qu'un discours spéculatif qui enchaîne les concepts, mais elles obligent le lecteur à adopter une attitude active et créative pour en déployer « *l'interprétation infinie* ».

Le premier récit répond à la question : « *Quelle est la place de l'homme dans l'ordre de la création ?* »

Le second récit répond à la question : « *Qu'est-ce qui constitue la société humaine ?* »

Enfin le troisième récit traite de l'origine du mal et du péché :« *Si Dieu est bon et tout-puissant, si tout ce qu'il a créé est bon, pourquoi le mal ?* ».

Genèse 1 :
Homme et femme Il les créa

Ce récit a donc pour objet de situer l'humanité par rapport à Dieu et par rapport au monde.

Il n'est pas question d'étudier ici en détail un des textes les plus denses au monde qui existent en philosophie et en théologie.

J'attire l'attention des fiancés sur les points suivants :
1. La Création commence par une **séparation**. Différencier, instaurer une distance est un préalable qui ouvre l'être à une nouveauté.
   – « *L'œuvre créatrice de Dieu en Genèse 1 a été qualifiée de « création par séparation ». On pourrait aussi employer le terme « différenciation ». Le création de l'univers fait passer d'un tout indifférencié (le tohu wabohu de 1,2), moyennant la séparation, à l'existence d'un tout structuré par l'union des parties différenciées. La division ou la séparation ne s'imposent pas comme une fin en soi, mais comme un prélude nécessaire à l'union. Dans cette union, la qualité de chaque élément est sauvegardée, mais celui-ci trouve son sens en fonction de l'ensemble. L'unité n'est pas la fusion, elle préserve la diversité. Nous ren-*

*controns de nouveau ici la notion biblique d'ordre comme une structure dynamique, sorte de danse ou de symphonie cosmique. Situé au début de la Bible, ce passage témoigne ainsi de l'importance primordiale de la **relation** dans la tradition judéo-chrétienne. Et la relation implique, de par sa nature même, la notion de **différence**. Dans cette tradition, les différences ne sont pas vues comme négatives en tant que telles, comme des indices d'imperfection à guérir ou dépasser. L'état idéal n'est pas un tout homogène, indifférencié, mais plutôt un ensemble de voix qui chantent en harmonie. La paix est donc possible dans le respect de la diversité : une violence totalitaire qui abolirait toute variété au nom de l'unité n'est pas la loi fondamentale de l'univers.»* (Frère John, *Récits bibliques de création et visions d'accomplissement*, Taizé, 2007, p.26)

On retrouve ce principe de séparation pour la fondation d'une famille : « *L'homme quittera son père et sa mère pour s'attacher à sa femme.* » (Gn 2, 24)

2. La Création se fait en Dix paroles divines Faisant écho prémonitoire des Dix commandements, elle se présente comme une alliance primordiale entre Dieu et l'humanité.

    Au fil des jours de la Création, le verbe « dire » ouvre une séquence régulière, dont Dieu est le sujet
    « Dieu dit » – « Dieu fit » – « Dieu vit »

Le couple « Dieu dit » – « Dieu fit » indique que la parole de Dieu est toujours opératoire – contrairement à la nôtre ! Comme le souligne le psaume, « Il parle et ce qu'il dit est fait. » (Ps.32,9). Plus encore, la parole de Dieu EST événement : il se trouve que l'hébreu « dabar » comme le grec « ρημα » ont cette double acception. Ainsi quand il nous est dit que Marie « retenait toutes ces paroles en son cœur » (Lc 2,51), on peut tout aussi bien traduire : Marie « retenait tous ces événements dans son cœur ». Et c'est l'occasion avec les fiancés de les inviter à rechercher l'écoute de la Parole de Dieu non seulement dans la Bible mais aussi dans les événements de leur vie, qui peuvent être relus comme des paroles que Dieu leur adresse et un dialogue qu'il leur propose.

3. Le troisième terme de la séquence est en fait une phrase constamment répétée :
 « Dieu vit que cela était bon. ».
Dans beaucoup de religions antiques, il y avait d'une part des créatures, des hommes et des dieux maléfiques, et d'autre part, des créatures, des hommes et des dieux bénéfiques.
A l'inverse, le premier récit de la Genèse insiste sur le fait que toute la création est bonne sans exception. Cela ne veut pas dire qu'il n'y a pas de danger : un serpent venimeux, un torrent de montagne qui em-

porte tout sur son passage, mais du point de vue de Dieu **tout être est bon**, et s'il est vrai que nous les hommes, nous sommes créés « à l'image et comme la ressemblance de Dieu », il nous est possible de nous protéger des effets néfastes et de tirer profit de tous les êtres créés sans jamais les considère comme intrinsèquement mauvais. La science procède de même : elle tire parti de tout être observé sans porter un jugement négatif sur son existence même. Avec les fiancés qui parfois rencontrent de sérieux problèmes, il peut être important de souligner que selon la Bible, il n'y a pas d'êtres foncièrement mauvais. Le mal est ailleurs.

4. Lors de la création de l'homme, la parole de Dieu est radicalement différente par rapport aux étapes antérieures. Dieu dit : « *Faisons l'homme* » La formule est beaucoup plus « impliquante » que le précédent « *Qu'il y ait* (des animaux)... ». Dieu s'engage Lui-même quand il en arrive à l'être humain..

D'autre part, le sujet est pluriel alors que Dieu est unique. On se serait attendu à ce que Dieu dise : « *Je fais* ». Ce pluriel est une énigme qui a suscité bien des commentaires.

– **Dans la tradition juive**, ce pluriel indique une délibération de Dieu : quand on délibère, on se « démultiplie « en soi-même avant de décider (on pèse le pour et le contre comme s'il y avait deux voix différentes en nous).

La note de la NBS y fait allusion : « *il faut probablement l'entendre ici comme une simple tournure de délibération, cf. 2S 24.14; Es 6.8; quelques-uns y voient cependant une réminiscence de la représentation de Dieu entouré d'un «conseil» ou d'une «cour», à l'image des souverains (1R 22.19; Jb 1.6s; 2.1s).* »

Rachi y voit la modestie de l'Eternel qui consulte les anges avant de créer l'homme, à la suite de Philon d'Alexandrie qui écrivait :

« *Dieu, qui est unique, a autour de Lui d'innombrables Puissances, qui toutes assistent et protègent ce qui est créé.* » (Philon, *De confusione linguarum*, 171)

- **Dans la tradition chrétienne**, le pluriel renvoie à la Trinité : l'homme est l'ouvrage des Trois Personnes divines. On peut citer par exemple l'un des premiers Pères, St Justin, s'adressant à un rabbin juif

« Non, *Dieu ne se parlait pas à lui-même, ou aux éléments. Le Fils était avec lui.* » (Justin, *Dialogue avec Tryphon*, 62)

ou Théophile d'Antioche : « *Dieu n'a parlé à personne d'autre qu'à son Verbe et à sa Sagesse.* » (Théophile d'Antioche, *A Autolycus* 2,18)

ou Irénée de Lyon : « *L'homme est un mélange d'âme et*

de chair, et d'une chair formée selon la ressemblance de Dieu et modelée par les Mains de celui-ci, c'est-à-dire par le Fils et l'Esprit, auxquels il a dit : « Faisons l'homme » (Gn 1, 26) » (Irénée de Lyon, *Adv. Haereses*, IV, pr. 4).

« comme notre ressemblance» :
Sous un certain rapport, l'homme « ressemble » à Dieu : il n'en est pas le reflet exact mais sa manière d'être rappelle celle de Dieu de manière diffuse. Il s'agit du rapport de l'homme à la création. En effet, le texte poursuit « *Qu'il domine sur les poissons de la mer..,etc* «. De fait, par sa science et sa technique, l'homme acquiert une certaine maîtrise sur la création, qui évoque celle de Dieu (L'homme risque d'ailleurs parfois de se croire le maître de l'univers !)

« à son image » :
En hébreu, l'expression signifie littéralement : « **dans son image** «. A strictement parler, nous ne sommes pas « l'image « de Dieu, c'est-à-dire le reflet exact de Dieu mais **nous sommes créés dans / comme / vers cette image** successivement selon l'hébreu, la Septante ou la Vulgate. Ces prépositions ont été indéfiniment commentées. Au-delà des nombreuses interprétations possibles, il y a le fait que nous ne coïncidons pas avec l'image de Dieu mais que nous sommes en relation avec elle. Telle est notre dignité et notre vocation qui se réalise en Christ, « l'Homme parfait » (Ep 4,13).

Comme l'écrit Tertullien,
« *Dieu modela donc l'homme selon l'image de Dieu, c'est-à-dire selon le Christ. [...] Dès lors ce limon qui revêtait l'image du Christ – telle qu'elle se manifesterait dans son Incarnation future – n'était pas seulement l'œuvre de Dieu, il était aussi le gage de Dieu !* (Tertullien, *De la résurrection des morts*, ch. 5-6)

Seul, « *le Christ est l'image du Dieu invisible* «. (Col 1,15). Or, s'il est vrai que « *Dieu est Amour* » (1Jn 4,8), cela signifie que notre dignité et notre vocation est de tendre vers l'Amour qu'est Dieu. On peut en inférer que notre nature n'est pas tant d'avoir deux bras et deux jambes, ou d'être intelligent que **d'être aimé et d'aimer à l'image de Dieu.** C'est en ce sens qu'une personne handicapée et un génie ont la même dignité tirée de leur nature et non de leur autonomie ou de leurs aptitudes..

« *Mâle et femelle Il les créa* » :
Cette dignité et cette vocation de **tendre vers** l'image de Dieu Amour se réalise de manière privilégiée dans le couple homme-femme, plus précisément « mâle-femelle ». La différence sexuelle est ainsi une réalité non seulement matérielle mais surtout spirituelle : tendre vers l'image de Dieu. L'image divine s'inscrit- au moins virtuellement – dans notre corps charnel, d'où l'expression un peu triviale pour nous de « *mâle-femelle* ». Il ne s'agit nullement d'une dépréciation de la sexualité, mais

de l'affirmation d'une dignité du corps charnel même dans sa matérialité.

Comme les animaux, nous avons un corps, mais à l'inverse d'eux, ce corps sexué n'est pas d'abord ordonné à la reproduction de l'espèce et voué à la corruption matérielle, mais à la réalisation de l'image de Dieu en nous. Dans le récit de création, la différence sexuelle n'est mentionnée que pour l'être humain dans son rapport à Dieu. Paradoxalement, alors que Dieu est l'Unique, au-delà de toute limite corporelle, Il inscrit son image pour l'homme dans la conjonction de corps sexués : « Il le créa à son image, mâle ET femelle il les créa. » Comme le souligne saint Jean-Paul II, « le corps humain avec son sexe, sa masculinité et sa féminité, vu dans le mystère même de la création, est non seulement une source de fécondité et de procréation, comme dans tout l'ordre naturel, mais il comprend dès « l'origine » l'attribut « sponsal », c'est-à-dire la faculté d'exprimer l'amour : précisément cet amour dans lequel l'homme-personne devient don et – par ce don – réalise le sens même de son « être » et son « exister. » (St Jean Paul II, Audience générale du 16/01/1980). Il faut également remarquer que si l'amour est don, il suppose la liberté de se donner. Puisque l'homme est créé à l'image de « Dieu Amour », il est créé libre. Tertullien observe : « je trouve l'homme créé par Dieu libre, ayant toute autonomie et disposition de lui-même, et rien en lui ne me fait voir autant l'image et la ressemblance divine. » (Tertullien, Adv. Marcionem II, 5, 5) » Ainsi fait, l'homme, créé à l'image de Dieu, mâle et femelle, s'affirme comme l'excellence de la création. Seul parmi toutes les créatures, l'être humain, même dans sa dimension charnelle, se définit à partir de l'image de Dieu. « *Et Dieu vit que cela était **très bon*** » (Gn 1,31).

On comprend alors que l'union charnelle de l'homme et de la femme ait une résonance immédiatement religieuse et sacrée, avant même toute célébration liturgique. Cette conscience se retrouve tout au long de la Bible. Pensons à Tobie : « *Nous ne pouvons pas nous unir (sexuellement) comme des païens qui ne connaissent pas Dieu.* » (Tb 8, 10 Vg)

Mépriser ou brader la sexualité dans sa dimension sponsale, c'est ignorer l'inscription de Dieu dans nos corps et leur union : « *Le corps est pour le Seigneur, et le Seigneur pour le corps.* » (1Co 6, 13).

Aussi la différence sexuelle est au cœur de la structure divine de l'homme selon la Bible.

Et l'homosexualité n'apparaît pas d'abord comme une faute morale mais comme une méconnaissance de ce lien entre le corporel et le divin par le biais de la différence sexuelle. La lettre aux Romains est typique de cette approche, puisque l'homosexualité y est présentée comme une confusion entre Créateur et créatures, et est traitée dans le premier chapitre (1, 24-32), consacré à la foi et au rapport à Dieu, et non pas dans la partie morale de la lettre (à partir du chapitre 12). Si Paul réprouve les actes homosexuels dans ce passage, note Xavier Thévenot, c'est parce qu'ils sont contraires aux récits de la Création *« où la sagesse du Créateur détermine seule le sens de l'ordre des réalités humaines. »* [L'inversion sexuelle est jugée inversion idolâtrique. (*Homosexualité masculine et morale chrétienne*, Cerf 1985, p.226)

*« Dieu bénit et sanctifia le 7ème jour... car il ch*ôma *»* : (Gn 2,3)

Non que Dieu soit fatigué ! Mais il laisse la place à l'homme afin que, de manière libre et responsable, celui-ci exerce la domination qu'il a reçue, homme et femme, en partage.

Dieu se révèle assez puissant pour limiter sa propre Puissance et garantir la liberté d'action de l'homme qu'il a créé. Ce retrait inaugure le temps de l'homme.

> *« Le retrait fait rupture, en quelque sorte, dans la structure même du texte de la Création qui se modifie, puisqu'au septième jour, on ne lit plus « un soir et un matin »....Le shabbat, qui symbolise le retrait de Dieu le septième jour, serait à la fois la fin des temps et la source du temps. »* (Nancy de La Perrière, *Le temps dans la Bible et la cure psychanalytique*, Le Coq héron, 2009/1, 196)

Le 7ème jour, le Sabbat, est toujours lié à la liberté responsable de l'homme. Loin d'être un jour inutile, il institue un espace de libre arbitre pour l'homme, le lieu où la création peut devenir sanctification de celui à qui Dieu confie son œuvre.

« En six jours le Seigneur a fait le ciel, la terre, la mer et tout ce qu'ils contiennent, mais il s'est reposé le septième jour. C'est pourquoi le Seigneur a béni le jour du sabbat et l'a sanctifié. » (Ex 20, 11)

Symbole de la liberté originelle de l'être humain, le septième jour sera aussi le rappel de sa libération. Dans le livre du Deutéronome, il commémore la sortie d'Egypte : *« Le Seigneur t'a fait sortir à main forte et bras étendu. C'est pourquoi le Seigneur ton Dieu t'a ordonné de pratiquer le jour du Sabbat. »*.

Plus tard, c'est à dessein que, le jour du sabbat, Jésus « libère » l'homme à la main desséchée (Mc 3,1-6) ou la femme courbée par le démon (Lc 13, 10-17). Il rappelle ainsi aux Juifs le sens originel du Sabbat. Le septième jour, Dieu ménage et garantit un espace où s'exercent la liberté et la responsabilité de l'homme et de la femme. Aussi bénit-il et sanctifie-t-il le jour précisément parce qu'il ne fait rien ! A l'homme d'agir !

Genèse 2 : solitude et communion de l'homme et de la femme

Le premier récit de création situait l'homme dans l'univers, le second analyse **la structure fondamentale de la société** humaine, l'homme et la femme, la solitude et la communion..

> *« Dieu façonna l'homme avec la glaise du sol et lui insuffla une haleine de vie, et **l'homme devint un être vivant**. » (Gn 2, 7).*

Ce façonnement de la terre par les mains de Dieu est déjà sujet d'émerveillement pour les Pères de l'Eglise. Ainsi chez St Ambroise : « Ce n'est pas en vain, ai-je dit, que Moïse montre Dieu travaillant pour Adam et Eve comme avec des mains de chair. Pour le monde, Dieu ordonna qu'il se fît, et il fut fait, et par ce seul mot l'Ecriture indique l'achèvement de l'ouvrage du monde. On en vient à l'homme, et le prophète a pris soin de nous montrer pour ainsi dire les mains mêmes de Dieu au travail. » (Ambroise, Tract. In Lucam, 2, 85). Non seulement Dieu ne mérite pas la matière, mais il s'y investit préfigurant dans l'acte créateur son Incarnation en Christ. Et Tertullien va jusqu'à écrire : « Ainsi est-elle honorée la terre, chaque fois qu'elle subit l'action des mains de Dieu, qu'Il la touche, la saisisse, la mette à part, la façonne. Représente-toi Dieu tout entier occupé d'elle, à elle consacré tout entier, mains, pensée, action, réflexion, sagesse, prévoyance, et surtout avec cet amour qui Lui en inspirait le dessein ! Car tout ce qui était exprimé dans cette boue, a été conçu en référence au Christ, Qui serait homme, c'est-à-dire aussi boue, et au Verbe qui serait chair, c'est-à-dire aussi terre, à ce moment-là. Car voici l'avertissement du Père au Fils : faisons l'homme notre image et à notre ressemblance. Et Dieu fit l'homme, c'est-à-dire ce qu'Il façonna, Il le fit à l'image de Dieu, c'est-à-dire l'image du Christ. » (Tertullien, *De Resurrectione*. 6, 2-4).

Le corps fait donc partie de l'identité même de l'homme en tant qu' « être vivant », donc **comme personne**. L'unité corps-esprit est constitutive de l'être humain.

Non seulement le corps et l'esprit ne sont pas deux entités séparées, mais la personne humaine se définit comme un **corps animé** par le souffle, l'haleine, la « respiration » de Dieu. (Avec raison, un père de l'Église comme Tertullien distingue le « *flatus* » reçu à la Création du « *Spiritus* » infusé par le baptême (cf *De Anima, 14*).).

Une telle anthropologie est radicalement opposée à la philosophie grecque. Pour Platon, le corps n'est qu'une enveloppe animale et seul l'esprit est la vérité de l'homme. On connaît son jeu de mots : « Sôma, Sèma » (σώμα, σήμα) : « le corps est un tombeau. ». A la mort, l'esprit est enfin dégagé de cette gangue matérielle et peut contempler sans entraves « les idées pures ». La grande tradition des Pères rejette cette conception dualiste qui déprécie le corps et St Augustin peut écrire : « : Si la chair est pour toi prison, ce n'est pas le corps qui est prison, mais la corruption du corps. » (*Enarratio in Ps.141*, 18). Plus tard, St Bernard affirme que nous les hommes n'accédons au bonheur spirituel que par le corps : « Lorsque l'animal meurt, son esprit lui-même cesse de le vivifier et de vivre. Nous (les hommes), au contraire, nous survivons à notre corps, mais nous ne pouvons monter ou accéder à ce qui constitue la vie bienheureuse que par l'intermédiaire du corps (nisi per corpus). Il l'avait compris, celui qui disait : Les perfections invisibles de Dieu se laissent voir à l'intelligence à travers Ses œuvres (Rm.1, 20). Car ces œuvres, c'est-à-dire ces réalités corporelles et visibles, ne viennent à notre connaissance que par les sens du corps. Donc la créature spirituelle que nous sommes a besoin d'un corps. » (St Bernard, *Sermons sur le Cantique*, 5, 1). De plus, « L'esprit sans le corps n'aurait ni durée ni histoire. Or le lien conjugal, objet de notre étude, se tisse dans une durée, une histoire, un dialogue de toute la vie : « C'est seulement dans un corps, habité par le rythme du souffle, qu'est possible la parole. C'est dans le corps que font alliance l'espace et le temps... L'instant suffit au cri... La parole a besoin d'une autre forme de temps, d'un temps qui ait forme : une durée. Le corps est l'être-là du commencement, son maintenant. » (Paul Beauchamp, *L'un et l'autre Testament*, Seuil,1990, p.24) Dans la Bible, l'homme **est** son corps. L'esprit sans le corps n'a pas de consistance. C'est pourquoi la foi en la résurrection des morts fut si tardive : comment penser l'âme séparée du corps ?

« *Le Seigneur Dieu planta un **jardin**.... Il y plaça l'homme pour le cultiver et le garder.* » (Gn 2,8.15)
Je fais réfléchir les fiancés à ce qui caractérise un jardin : un espace limité, où les fleurs, les légumes, les fruits et les arbres abondent selon un ordre donné. Un jardin suppose une certaine harmonie. Contrairement à un champ cultivé, il ne s'agit pas d'en tirer d'abord un bénéfice, une rentabilité, un profit, mais d'y vivre une gratuité, d'en garantir la beauté. Présenter le monde comme un jardin, c'est en faire une œuvre d'art. Il n'y a pas d'œuvre sans artiste. Tel est Dieu dans la splendeur du monde créé. Mais Dieu se trouve un collaborateur. Il n'y a pas de jardin sans jardinier et le verset 15 nous révèle que le jardinier de la Création, c'est l'homme, placé dans le jardin pour le cultiver et le garder » (2,15).

A une époque où les moyens techniques de l'humanité étaient bien faibles devant les forces cosmiques, c'était montrer une confiance ou une présomption peu commune que d'avancer une affirmation si audacieuse. Aujourd'hui, elle nous rappelle notre responsabilité envers la nature qui nous entoure.

Le thème du jardin se retrouve principalement, dans le Cantique des Cantiques, comme lieu privilégié de l'amour de l'homme et la femme.

Et ce n'est pas un hasard si, dans l'évangile de Jean, Marie-Madeleine fait une méprise significative en reconnaissant Jésus ressuscité comme le jardinier (Jn 20, 15).

De fait, Jésus est le gardien, le jardinier du monde nouveau.

L'homme, à l'origine, est responsable de l'harmonie du monde : il doit « *le cultiver et le garder* » (2,15).

Au centre du jardin qu'est la création, se trouve l' «*arbre de vie* » : la Vie est donc au centre du monde créé : c'est à partir d'elle que tout s'ordonne.

Quant à l' «*arbre du bien et du mal*», on ne connaît pas sa localisation : mais on le reconnaît à son fruit ! En hébreu, « bien » et « mal » pourraient être traduits littéralement par « bien-agir » et « mal-agir», plutôt que par les concepts abstraits auxquels la langue française renvoie.

Il s'agit d'une connaissance existentielle plus qu'intellectuelle ; on pourrait traduire par « l'expérience » de bien ou de mal faire. Cet arbre mystérieux symbolise une action possible (bonne ou mauvaise) et non pas un être créé et localisé.

« *Dieu donna à l'homme cette parole :* **Tu peux manger de tous les arbres du jardin,** *mais de l'arbre de la connaissance* *du bien et du mal, tu ne mangeras pas, car le jour où tu en mangeras, tu mourras de mort. »* (2,16).

Dieu transmet à l'homme une « parole» (et non pas un commandement !) : Il ne s'agit pas d'un interdit : *Tu peux manger de tout...* », mais d'un avertissement : « *tu ne mangeras pas, car si tu en manges, tu mourras certainement.* » Le fruit de cet arbre s'avère être nocif pour l'homme, comme un poison mortel. D'où une salutaire mise en garde. A l'homme de prendre ses responsabilités ! Plus tard, St Paul écrira de manière analogue : « *Tout m'est possible mais tout ne m'est pas profitable.* » (1Co 10, 23). La morale biblique n'est pas une morale du devoir ou de l'interdit, mais un chemin de vie pour éviter la mort et le malheur ; c'est une morale du bonheur.

« Il n'est pas bon que l'homme soit seul. » (Gn 2,18a)
La phrase ne signifie pas que la solitude soit un mal, mais plutôt un inachèvement.

La solitude est une expérience originaire, nécessaire dans le développement humain et tout au long de sa vie, l'homme vit une dimension de solitude dans son intime et sa conscience. Au moment du mariage, chacun dit seul le « oui » fondateur et personne ne peut le remplacer dans cet engagement solennel.

L'homme, dans sa solitude originelle, acquiert une conscience personnelle dans le « processus selon lequel il se « distingue » de tous les êtres vivants et en même temps, dans cette solitude, il s'ouvre à un être semblable à lui que la Genèse (2, 18 et 20) définit comme « une aide qui lui est accordée ». Pour l'homme-personne, cette ouverture est tout autant décisive, et peut-être même plus, que cette « distinction ». Dans le récit yahviste, la solitude de l'homme se présente non seulement comme la première découverte de la transcendance caractéristique qui est propre à la personne mais aussi comme la découverte d'une juste relation « à la » personne, et donc comme une ouverture comme l'attente d'une « communion des personnes ». (Audience Générale, 14/11/1979)

La solitude originelle de l'homme ne se suffit pas à elle-même mais appelle la relation ; elle fait désirer et oriente vers une communion : *Il n'est pas bon que l'homme soit seul.*

Je vais lui faire une aide qui lui corresponde (Gn 2, 18b).

Le mot « aide » employé (le *go'el*) n'a aucune connotation d'infériorité ou de subordination : l'expression hébraïque est utilisée au sujet de Dieu. Elle désigne quelqu'un digne de confiance, sur qui on peut s'appuyer. Littéralement, il faudrait traduire : « **une aide qui lui soit un « vis-à-vis »** : quelqu'un qui peut regarder l'homme « les yeux dans les yeux », qui lui répond d'égal à égal. De qui s'agit-il donc ?

Ce conjoint n'est pas de l'ordre animal (2,19). Pour l'illustrer, l'auteur raconte que Dieu présente toutes les bêtes à l'homme. Celui-ci reçoit le pouvoir de nommer tous les animaux, mais il ne trouve pas son « aide ». Ce pouvoir de nomination exprime un certain type d'intelligence du règne animal, que l'on pourrait assimiler à la connaissance scientifique. Nommer, c'est différencier, trier, analyser.

Mais le *go'el* voulu par Dieu pour briser la solitude humaine n'est pas de cet ordre. Souvent, je fais remarquer aux fiancés que non seulement la femme n'est pas un animal, mais que le choix d'un conjoint n'est pas de l'ordre d'un déterminisme scientifique : il n'y a pas de logiciel du mariage. Même si on passe par un site de rencontres en indiquant tous les critères que l'on désire, le « déclic », la flamme qui jaillit entre deux êtres est toujours une surprise, un appel et non le résultat d'une démarche scientifique.

« Dieu fit tomber une profonde torpeur sur l'homme qui s'endormit. » (Gn 2,21)

Certains fiancés voudraient y voir une anesthésie ! Mais la Bible se montre généralement insensible à la douleur physique.

En fait, cette « torpeur » traduit une inconnaissance. La femme est un mystère pour l'homme et l'homme est un mystère pour la femme. Lui est inconscient lors de la création d'Eve et elle n'existe pas encore quand Adam est modelé et animé par son Créateur.

Ce mystère réciproque se retrouve dans toute relation sexuée.

Les époux auront à se donner totalement l'un à l'autre. Mais ils ne peuvent pas partager tout ce qu'ils éprouvent : la manière d'aimer d'un homme garde toujours sa part d'inconnu pour la femme, et réciproquement un homme ne peut pas se mettre à la place de la femme dans sa sensibilité amoureuse. Il est probable que bien des conflits sont dus à l'illusion de pouvoir se mettre à la place de l'autre et d'exiger de lui qu'il réagisse comme nous. « Je le (la) connais par cœur. », phrase redoutablement ambiguë !

La femme est tirée de l'homme : elle aurait pu être façonnée avec la glaise du sol comme l'homme, mais la Bible veut souligner leur commune origine : il n'y a pas deux races – celle des hommes et celle des femmes – mais une seule humanité avec un pôle masculin et un pôle féminin.

« **(Dieu)** *prit l'une de ses côtes (d'Adam) et il referma la chair à sa place et il bâtit une femme.* »

L'auteur biblique n'est pas naïf : il sait bien qu'une côte ne ressemble pas à une femme. Mais le mot à mot appelle une interprétation symbolique. Une côte est constituée d'os et de chair, et ces deux éléments ont chacun leur sens spirituel.

L'os dans la Bible symbolise ce qui est solide, durable dans notre identité.

La chair représente ce qui est fragile, faible, sensible.

Ainsi, de Jésus en croix, le Nouveau Testament indique

que les soldats «*ne lui bris*èrent *pas les os*» (Jn 19,33) tandis que c'est bien «*dans sa chair qu'il a été crucifié*» (Ép 2,15).

La force et la faiblesse de l'être humain se retrouvent dans l'homme et la femme, chacun a sa manière.

L'auteur précise que Dieu « *referme la chair à sa place* ». Il n'y a donc pas de « retour à l'origine ». On est très loin du mythe de l'androgyne chez Platon où l'homme primitif est à la fois homme et femme et il est coupé en deux par un dieu jaloux. Le mariage « recolle les morceaux » en reconstituant l'unité primitive. Dans la Genèse, le mariage n'est pas une régression à une unité mythique de l'origine. Elle est une union de deux êtres différents pour un avenir ouvert à la nouveauté sans perspective de retour au passé.

« *Alors l'homme s'écria : Voici l'os de mes os, la chair de ma chair.* »

Dès son vis-à-vis avec la femme, l'homme pousse une exclamation d'émerveillement : « *Cette fois-ci, voici l'os de mes os et la chair de ma chair*» En découvrant la femme, il se reconnaît aussi lui-même dans sa force et sa faiblesse : pour la première fois, il parle à la première personne : **mes** os, **ma** chair. Ici, la reconnaissance de la femme permet à l'homme de découvrir sa propre identité masculine. Le jeu de mot intraduisible qui suit « Elle s'appellera femme (« **isha** » en hébreu), car elle a été tirée de l'homme (« **ish** ») » exprime leur commune humanité dans une différence irréductible et complémentaire.

La création de la femme permet aussi à l'homme d'accéder à la parole au-delà de la simple nomination. Et cette parole n'est pas seulement fonctionnelle : elle exprime un émerveillement, une gratuité.

« C'est pourquoi l'homme quittera son père et sa mère pour s'attacher à sa femme et tous deux feront une seule chair. » (2,24).

La Bible opère ici une véritable révolution de la pensée.

Jusque-là, dans toutes les civilisations, le mariage était d'abord une alliance entre deux familles : les époux n'étaient que les instruments d'une entente socio-économique au sujet de la descendance et de l'héritage et ne pouvaient guère manifester d'indépendance. Il était impensable que l'homme puisse préférer l'amour de sa femme aux intérêts de son clan. En rupture avec ce type de mentalité, la révélation biblique affirme **le primat du lien conjugal sur le lien parental.** Bien sûr, cette prise de distance n'est aucunement un reniement. Mais désormais il ne s'agit plus d'obéir mais de s'affirmer dans le respect de ceux qui nous ont donné la vie. Et le commandement « Honore ton père et ta mère » est plus que jamais valable.

Désormais, le couple est la base de toute reconnaissance de soi, le lieu où se construit l'image de Dieu. Pas de fondation d'un foyer sans prise de distance d'avec les parents.

C'est un point qui fait réfléchir beaucoup de fiancés et qui provoque parfois des ruptures. Telle jeune femme va réaliser qu'elle projetait dans son fiancé l'image de son père. Tel jeune couple entre en crise quand la femme découvre que la référence à sa mère détermine les décisions et les réactions de son mari (« *j'ai l'impression que ma belle-mère fait partie de notre couple.* »)

Déjà, les deux premiers jours de la création soulignait la nécessité d'une séparation pour créer. Les beaux-parents ne doivent pas interférer dans la vie du couple. Cela signifie aussi que l'homme ne doit pas rechercher dans sa femme une « deuxième mère », ni la femme rechercher en son mari un « deuxième père ».

« Une seule chair » :
Si la chair désigne la précarité de la condition humaine, la formation d'« *une seule chair* » par les époux signifie qu'ils tirent leur unité de l'acceptation de leurs faiblesses : aimer son conjoint, c'est l'aimer, y compris dans ses limites, ses ombres et savoir reconnaître les siennes devant l'autre.

Les offenses et les imperfections ne peuvent donc justifier une quelconque répudiation. Accepter l'autre dans sa faiblesse, c'est l'accueillir dans tout ce qu'il est, y compris dans ses zones d'ombre.

Et inversement, on ne peut aimer en vérité sans dévoiler à l'autre notre pauvreté et notre propre vulnérabilité.

Le parcours que représente les fiançailles est l'occasion de vérifier si l'on est lucide sur les faiblesses de son conjoint et si l'on est capable de s'exposer au regard de l'autre sans faux-semblant, y compris dans les »mauvais côtés ».

« C'est pourquoi ils étaient nus l'un devant l'autre et n'avaient pas honte » (Gn 2,25)
Parce qu'ils vivent dans la confiance de l'amour, les époux ne craignent pas de se dévoiler mutuellement leurs vulnérabilités : chacun sait que l'autre n'en profitera pas, au contraire, il sera « une aide », un secours. La nudité est l'indice d'une confiance mutuelle entre les époux.

Malheureusement, l'avènement du péché brise cette logique de la confiance mutuelle de l'amour. Et la nudité devient un danger.

Là aussi, c'est l'occasion d'un examen de conscience pour les fiancés :
- est-ce que j'accepte les limites, les faiblesses, les péchés de mon conjoint ? Est-ce que je ne suis pas fasciné(e) par ses points forts ? Est-ce que je suis prêt(e) à me battre à ses côtés pour qu'il se dépasse sans se nier ?
- Est-ce j'ai eu le courage et l'honnêteté de me mettre à nu, reconnaître devant l'autre mes limites, mes fautes et mes faiblesses ? Est-ce que je lui fais confiance pour m'accepter et m'aider ?

Les fiançailles sont l'occasion de faire la vérité dans sa vie et ses désirs, d'affronter et d'assumer la faiblesse humaine qui sera désormais vécue en commun.

Genèse 3 : Le péché, trouble dans l'amour

L'origine du péché réside, selon l'auteur biblique, dans une déformation de la parole de Dieu et procède d'une mauvaise appréciation du réel.

Dieu avait dit au Ch.2: « *tu peux manger de tous les arbres du jardin* » (2,17).

L'homme est créé libre : Dieu ne lui interdit pas d'avoir accès aux fruits du jardin. il le met en garde : « *Mais de l'arbre de la connaissance du bien et du mal, tu ne mangeras pas car alors de mort tu mourras.* »

L'homme est créé responsable : toute action possible n'est pas nécessairement bonne ! On a vu la phrase de Paul : *Tout vous est permis mais tout ne vous est pas profitable.* (1Co 10, 23)

Manger de l'arbre de la connaissance du bien et du mal signifie : « se donner le droit de bien et mal agir indifféremment pour décider par soi-même (donc sans référence à Dieu !) ce qui est mal et ce qui est bien. »

Dieu pose donc une limite à la liberté de l'homme : saura-t-il la respecter ? Saura-t-il faire confiance à la Parole de Dieu ?

Gn 3, 1 « *Le serpent dit à la femme : « Donc Dieu vous a dit : Vous ne mangerez de rien ?... »*

– Le serpent fait dire à Dieu exactement le contraire de ce qu'il a réellement dit : « Tu peux manger de tout. » (2,17). On peut s'étonner que le serpent « rusé » fasse une suggestion aussi grossière : le changement qu'il introduit n'est pas une discrète déformation, c'est exactement l'opposé de la parole initiale.

– Comme on peut s'y attendre, la femme rectifie ce que dit le serpent, mais – et c'est peut-être là qu'était le piège du serpent ! – elle en rajoute au point d'altérer gravement elle-même la parole de Dieu : « Quant au fruit de l'arbre qui est au milieu du jardin, Dieu a dit : Vous n'en mangerez pas, vous n'y toucherez pas. ». Dans cette courte phrase, en prétendant restituer la parole divine, **la femme commet deux erreurs** qui la rendent par la suite vulnérable aux suggestions du serpent et cette mauvaise appréciation provoque la ruine de l'amour.

1°) L'arbre au milieu du jardin n'est pas l'arbre de la connaissance, si dangereux pour l'homme. Au contraire, c'est l'arbre de la Vie qui est au centre ; son fruit, c'est la vie elle-même. Ne pas manger son fruit, c'est ne pas vivre. Comment Dieu pourrait-il demander à l'homme de ne pas vivre ? Quant à l'arbre de la connaissance du bien et du mal, on ne sait pas où il est situé !.

La confusion des deux arbres correspond à l'illusion

que pour vivre, il faut faire toutes les expériences possibles. Confondre les 2 arbres, c'est croire que Dieu m'empêche de vivre en m'interdisant de tout essayer..

2°) **Dieu n'a pas dit : « Vous n'y toucherez pas »**. Manger n'est pas toucher.

« Manger », c'est intérioriser, recevoir au-dedans de soi, devenir participant et acteur, faire l'expérience. Toucher, c'est connaître de l'extérieur, sans s'impliquer, en rester à la connaissance objective. Un médecin n'a pas besoin d'être cancéreux pour être cancérologue. Il n'est pas nécessaire de tuer ou d'être infidèle pour savoir ce qu'est un meurtre ou un adultère ! Dieu ne nous empêche pas de savoir ce qu'est le mal, mais il nous dissuade de le commettre, ne serait-ce que pour essayer !

Nous ne sommes pas des cobayes de laboratoire. On ne fait pas l'expérience du mal impunément.

Des jeunes se donnent le droit de faire toute sorte d'essais « pour savoir et juger ». Or, on ne teste pas la drogue, la vitesse, le sexe sans courir des risques ! Tout cela laisse des traces parfois irréversibles.

3°/ A travers ces deux erreurs, la femme laisse deviner la représentation d'un Dieu pervers, qui priverait l'homme de la vie et de la connaissance, en lui interdisant de manger à l'arbre « *au milieu du jardin* », et d'en toucher le fruit.

4°/ Il est alors facile au serpent de brandir le spectre d'un Dieu méchant, jaloux qui ne supporte aucune concurrence : il ne fait qu'exploiter l'image fausse qu'il a suscitée dans l'esprit de son interlocutrice.

« *Dieu sait que si vous en mangez, vous serez comme des dieux, car vous connaîtrez le bien et le mal.* » (Gn 3,5)
Etre comme Dieu, se mettre à la place de Dieu, être son propre Dieu, telle est la tentation fondamentale de tout homme : « *Échapper* à la condition humaine... Non pas puissant: tout-puissant... *Tout homme rêve d'être dieu.* » (André Malraux, *La condition humaine*, Klincsiek, 1995, p.349).
Au-delà du bien et du mal, vivre une liberté sans limite et sans frein, ce serait être comme Dieu. Mais il ne s'agit que d'un fantasme, qui n'a rien à voir avec le vrai Dieu.
On a vu avec le récit du septième jour que le propre de la Toute-Puissance divine était précisément d'être capable de se donner la place à un autre, de se donner à soi-même des limites non par contrainte mais par respect d'autrui : l'homme est créé libre et responsable. Dieu donne la preuve suprême de sa Toute-Puissance quand il « chôma » au profit de l'homme.

– « *Alors elle prit de son fruit et en mangea ; elle en donna aussi à son mari, et il en mangea.* » (3,6).
Ayant travesti l'avertissement salutaire de Dieu en un interdit dicté par la jalousie d'une idole, qui prive l'homme de la vie et de la connaissance, la femme ne

peut que refuser ce Dieu pervers et transgresser une loi de mort. Le fruit de l'arbre lui paraît soudain attirant de tous les points de vue : bon à manger, séduisant à voir, désirable pour l'intelligence. C'est ce que le Pape Jean-Paul II appelle la « métatentation », le contexte qui conditionne l'homme pour le péché : toutes les conditions sont réunies pour « craquer ».

La femme cède logiquement à la tentation d'être comme ce Dieu qu'elle imagine et qui connaîtrait le bien et le mal. Alors, elle commet le premier péché. Et elle n'est pas seule : *Il (Adam) en mangea* : par son silence pendant tout le dialogue, l'homme a été complice, et sa faute est aussi grave.

« *Complice, c'est autant dire auteur. Celui qui laisse faire est comme celui qui fait faire. C'est tout un. Ça va ensemble... Celui qui fait, il a au moins le courage de faire... Et quand on le laisse faire, il y a le même crime ; c'est le même crime ; et il y a la lâcheté par dessus. Il y a la lâcheté en plus. Complice, c'est pire qu'auteur.* » (Charles Péguy, *Le mystère de la charité de Jeanne d'Arc*).

Il est donc inexact de s'en tenir au péché d'Eve.

« *leurs yeux s'ouvrirent et ils surent qu'ils étaient nus* » (Gn 3,7)

Le serpent leur avait bien indiqué que leurs yeux s'ouvriraient (3,5), et de fait leurs yeux s'ouvrent : ils ont fait une expérience nouvelle mais la connaissance qui en résulte est maléfique : ils prennent conscience qu'ils ont commis le mal de manière irréversible, qu'ils peuvent donc se nuire l'un à l'autre, que leur acte est honteux, contraire à leur amour originel : l'innocence a disparu.

Tant qu'ils étaient dans la confiance en l'autre, leur nudité importait peu : ils pouvaient se montrer tels qu'ils étaient. Maintenant, ils savent qu'ils ont capables de faire mal et donc de se nuire. Leur nudité est une vulnérabilité, et ils doivent se dissimuler.

– « *Ils se firent des pagnes avec des feuilles de figuier.* » (3,7).
Les feuilles de figuier dans la Bible symbolisent le monde des apparences. Ainsi, Jésus maudit le figuier qui dissimule sous l'abondance des feuilles sa stérilité (cf Mc 11, 12-14). Désormais, comme Adam et Ève n'ont plus confiance en Dieu et plus confiance en l'autre, ils entrent dans une stratégie de faux-semblants, d'apparences. Il ne s'agit plus de la confiance ingénue d'un premier amour, mais d'une logique de conquête et de séduction : la « guerre des sexes » commence et Dieu dit un peu plus loin à la femme : « *Ton désir te poussera vers l'homme, et lui dominera sur toi.* » (3,16)

« *Le Seigneur Dieu appela l'homme et lui dit : Où es-tu ?* »
Même dans la séparation du péché, l'appel de Dieu continue de retentir.

Et la question posée est fondamentale pour un éventuel avenir : « **Où** es-tu ? ».

Dieu ne dit pas : Qu'as-tu fait ?, encore moins : « Qu'as-tu fait de mal ? »

Il dit : « Où es-tu ? », ou si l'on veut : « Où en es-tu ? »

Quand j'étais aumônier de prison, c'était la question première de tout détenu, qui permettait de commencer un accompagnement spirituel, beaucoup plus que de parler tout de suite de péché. Le coupable sait bien qu'il a fait du mal : voler, tuer, violer.... On ne lui apprend rien en revenant sur ce que la justice a dit (et sur lequel il n'est pas toujours d'accord !). On en reste à des notions abstraites et moralisantes.

En revanche, quand on lui pose la question : « Et maintenant, où en es-tu ? Que peux-tu espérer ? », souvent se dessine une ouverture du cœur. Il ne s'agit jamais de se culpabiliser d'abord mais de se situer : « Et maintenant, où en suis-je de ma vie ? » on est dans l'existentiel' et non pas dans le judiciaire. La reconnaissance de la culpabilité ne vient qu'après.

Conclusion

Le péché apparaît ainsi comme une déformation de la Parole de Dieu, une vision faussée du réel, et de la tentative illusoire d'être « *comme des dieux* ». La conséquence en est que l'homme et la femme ne vivent plus la confiance de l'amour ni avec Dieu, ni entre eux, ni même avec le reste de la création dont ils ne comprennent plus l'harmonie secrète : « (Désormais) *tu te nourriras à la sueur de ton front... le sol te produira des épines et des chardons* » (3, 17-18). La transmission de la Vie, l'enfantement des enfants et leur éducation en sont aussi irrémédiablement fragilisés : « *Tu enfanteras dans la douleur. Ta convoitise te poussera vers ton mari et lui dominera sur toi* » (Gn 3,16). Le verbe « enfanter » dans ce passage ne désigne sans doute pas le seul accouchement, mais tout le processus de croissance des enfants, qui sera marqué par des déceptions, des désillusions, des blessures réciproques au sein de la famille, dont la femme est considérée comme gardienne..

Le lien filial et le lien conjugal deviennent des lieux de conflit.

L'amour humain est blessé, et il a besoin d'être sauvé.

Or, le projet originaire de Dieu demeure pour toujours, l'image de Dieu continue d'être au cœur de la relation conjugale et c'est en se fondant sur ces récits de création, plus que sur la Loi de Moïse, que Jésus déploie son enseignement sur le mariage.

Les dix paroles de la Création annonçait une alliance universelle et toute l'Histoire du salut en retrace le développement : « *là où le péché a abondé, la grâce a surabondé.* » (Rm 5,20).

L'alliance entre Dieu et son peuple : de la vassalité à la conjugalité

La notion d'alliance est centrale dans la Bible mais elle n'a pas eu toujours le même contenu et elle présente une évolution remarquable dans ses clauses et ses objectifs.

L'alliance comme vassalité dans le Pentateuque

– À la sortie d'Egypte, et dans la perspective de la terre promise, l'alliance entre Dieu et son peuple est celle d'un suzerain avec son vassal avec des bénédictions et des malédictions qui viennent sanctionner l'obéissance ou la révolte du vassal et avec une visée de conquête explicite : le livre de **l'Exode** en présente le code : « *Le Seigneur dit : « Voici que je vais conclure une alliance. Devant tout ton peuple, je vais faire des merveilles qui n'ont été créées nulle part, dans aucune nation. Tout le peuple qui t'entoure verra* *l'œuvre du Seigneur, car je vais réaliser avec toi quelque chose d'extraordinaire. Observe donc bien ce que je t'ordonne aujourd'hui.... Garde-toi bien de...* » (Ex 34,10-12 ; cf aussi Lev.26 et Jos.)

Le but de cette alliance est la conquête de la Terre Promise : Dieu est un chef de guerre et Israël un vassal qui doit faire ses preuves et montrer sa fidélité dans le combat.

Dans le **Deutéronome**, on voit apparaître plus explicitement l'intention profonde de Dieu : son amour gratuit et indissoluble pour le peuple qu'Il S'est choisi :

« *S'Il vous a choisis, ce n'est pas que vous soyez le plus nombreux de tous les peuples, car vous êtes le plus petit de tous.*
*C'est **par amour pour vous**, et pour tenir le serment fait à vos pères, que le Seigneur vous a fait sortir par la force de sa main, et vous a rachetés de la maison d'esclavage et de la main de Pharaon, roi d'Égypte.*
Tu sauras donc que c'est le Seigneur ton Dieu qui est Dieu, le Dieu vrai qui garde son Alliance et sa fidélité pour mille générations à ceux qui l'aiment et gardent ses commandements. » (Dt 7,7-9)

Une telle alliance reste essentiellement hiérarchique : Dieu y apparaît comme Celui qui impose les clauses d'un contrat et où Israël est explicitement subordonné à son suzerain avec des bénédictions et des malédictions qui sanctionnent sa bonne ou sa mauvaise conduite dans la traversée du désert comme dans la conquête de Canaan.

L'alliance conjugale chez les Prophètes

En dépit des victoires sur l'ennemi et des bienfaits accordés par son Dieu, la réponse du peuple une fois installé est profondément décevante et les infidélités se succèdent toujours plus nombreuses jusqu'à l'Exil. Salomon et ses successeurs se laissent contaminer par le culte des idoles environnantes et les calculs politiques.

L'enjeu n'est plus, comme au désert, la guerre de conquête et l'ivresse de la victoire mais le développement d'une société de justice et de paix dans un contexte de sédentarisation. Or, la tentation est grande d'imiter les peuples païens, de se reposer sur ses lauriers et rechercher le plaisir et la jouissance :

« *Ils vautrent. dans des lits d'ivoire, ils sont mollement étendus sur leur couche,... ils boivent le vin dans de larges coupes.* (Am. 6,3-6).

Dans cette décadence interrompue par quelques sursauts comme du temps de Josias, l'avenir devient de plus en plus sombre jusqu'à l'Exil.

Or, les prophètes, au milieu de leurs dénonciations véhémentes, mettent en oeuvre une conception radicalement nouvelle de l'alliance. **Il ne s'agit plus de conquête**

mais de noces. Dieu ne ne se présente plus comme un suzerain au sommet d'une hiérarchie, mais comme un époux qui n'oublie rien mais reste prêt à pardonner.

Osée

Dans le livre **d'Osée**, cet amour conjugal s'exprime dans une attitude scandaleuse : le mariage du prophète avec une prostituée et une descendance aux noms infamants (« Pas-aimée »; « Pas-Mon-peuple ») devient la métaphore vivante de l'alliance conjugale que Dieu a contractée avec l'infidèle Jérusalem :

« Accusez votre mère, accusez-la, car elle n'est plus ma femme, et moi, je ne suis plus son mari ! Qu'elle écarte de son visage ses prostitutions, et d'entre ses seins, ses adultères. C'est pourquoi je vais obstruer son chemin avec des ronces, le barrer d'une barrière : elle ne trouvera plus ses sentiers...

Elle poursuivra ses amants sans les atteindre, elle les cherchera sans les trouver. Alors elle dira : « Je vais revenir à mon premier mari, car j'étais autrefois plus heureuse que maintenant. » ...

C'est pourquoi je reviendrai, je reprendrai mon froment en sa saison et mon vin nouveau en son temps ; j'arracherai ma laine et mon lin dont elle couvrait sa nudité. Alors je dévoilerai sa honte aux yeux de ses amants, et nul ne la délivrera de ma main. » (Os.2, 4.8-12)

Mais Dieu ne se satisfait pas de punir cette épouse indigne. Comme il le dit au chapitre 11 : « car moi, je suis Dieu, et non pas homme ... et je ne viens pas pour exterminer.(Os.11,9). Il veut toucher son cœur et raviver un amour égaré.

« C'est pourquoi, mon épouse infidèle, je vais la séduire, je vais l'entraîner jusqu'au désert, et je lui parlerai cœur à cœur.
En ce jour-là – oracle du Seigneur –, voici ce qui arrivera : Tu m'appelleras : « Mon époux » et non plus : « Mon Baal » (c'est-à-dire « mon maître »)....
Je ferai de toi mon épouse pour toujours, je ferai de toi mon épouse dans la justice et le droit, dans la fidélité et la tendresse ;
Je ferai de toi mon épouse dans la loyauté, et tu connaîtras le Seigneur. » (Os 2,16...22)

On remarquera que Dieu n'ignore rien des péchés de son épouse. Il sait que son pardon ne suffit pas et qu'elle a besoin d'un temps de purification au désert. L'épreuve annoncée n'est pas une punition, mais un effet de la miséricorde de Dieu-Epoux qui désire libérer son épouse des conséquences de ses turpitudes.

Chez les fiancés d'aujourd'hui, combien de fois ai-je été le témoin d'une longue route de réconciliation et de purification ! Entre un concubinage parfois long et un réel engagement d'amour, il y a tout un parcours semé d'embûches, et un vrai mariage est tout sauf la simple « régularisation » d'une liaison maritale souvent tâtonnante, dont les a-coups et les mauvaises habitudes ont blessé la vérité de la relation. Il n'y a pas de vraies fiançailles sans conversion du cœur, et la réception du sacrement de pénitence au terme de leur parcours est volontiers acceptée par la plupart des fiancés, dont beaucoup ne se sont jamais confessés auparavant.

Ezekiel

Avec sa poésie violente et crue, le Livre **d'Ezékiel** dépeint la compassion initiale de Dieu, l'ingratitude présente de Jérusalem, la punition méritée et l'offre inattendue de pardon

« Ainsi parle le Seigneur Dieu à Jérusalem : Par tes origines et ta naissance, tu es du pays de Canaan. Ton père était un Amorite, et ta mère, une Hittite.
À ta naissance, le jour où tu es née, on ne t'a pas coupé le

cordon, on ne t'a pas plongée dans l'eau pour te nettoyer, on ne t'a pas frottée de sel, ni enveloppée de langes.

Aucun regard de pitié pour toi, personne pour te donner le moindre de ces soins, par compassion. On t'a jetée en plein champ, avec dégoût, le jour de ta naissance.

Je suis passé près de toi, et je t'ai vue te débattre dans ton sang. Quand tu étais dans ton sang, je t'ai dit : »Je veux que tu vives ! »...

Je suis passé près de toi, et je t'ai vue : tu avais atteint l'âge des amours. J'étendis sur toi le pan de mon manteau et je couvris ta nudité. Je me suis engagé envers toi par serment, je suis entré en alliance avec toi – oracle du Seigneur Dieu – et tu as été à moi...

Mais tu t'es fiée à ta beauté, tu t'es prostituée en usant de ta renommée, tu as prodigué tes faveurs à tout passant : tu t'es donnée à n'importe qui...

Tu as pris tes fils et tes filles que tu m'avais enfantés, et tu les as sacrifiés.... Était-ce donc trop peu que ta prostitution ?...

Je t'inflige le châtiment des femmes adultères et des femmes sanguinaires : je répands ton sang avec fureur et jalousie....

***Cependant**, moi, je me ressouviendrai de mon alliance, celle que j'ai conclue avec toi au temps de ta jeunesse, et j'établirai pour toi une alliance éternelle. »* (Ez 16)

Le texte dont on ne cite ici qu'un court extrait déploie un réquisitoire brutal et rageur contre la ville sainte dont les idolâtries multiples et nombreuses sont comparées à une débauche destructrice et insensée qui mériterait les pires sanctions, et alors qu'on s'attend à une malédiction finale retentissante, le pardon d'un Dieu aimant reprend le dessus et transfigure les épousailles primitives en « alliance éternelle ».

Déjà, anticipant le Nouveau Testament, l'alliance conjugale de Dieu avec son Jérusalem inclut une réconciliation et un pardon, chez les prophètes. Oui, pour Dieu comme pour les époux croyants, **aimer c'est pardonner.**

Isaïe

Mais c'est dans le livre d'**Isaie** aux chapitres 53 et 54 que se manifeste le plus clairement la victoire de l'amour de Dieu. On a pris l'habitude de dissocier ces deux chapitres alors que leur conjonction exprime parfaitement le mystère pascal : le sacrifice du Serviteur souffrant pour les péchés du peuple aboutit à la joie de Jérusalem qui découvre que son Créateur s'est fait son Époux pour une alliance inébranlable, élargie à tous les peuples.

« Broyé par la souffrance, il a plu au Seigneur. S'il remet sa vie en sacrifice de réparation, il verra une descendance, il prolongera ses jours : par lui, ce qui plaît au Seigneur réussira...
il s'est dépouillé lui-même jusqu'à la mort, et il a été compté

avec les pécheurs, alors qu'il portait le péché des multitudes et qu'il intercédait pour les pécheurs. (Is 53,10.12) Et quel est l'aboutissement d'un tel sacrifice ? Non seulement la justification des pécheurs mais la joie d'une épouse pardonnée :

Crie de joie, femme stérile, toi qui n'as pas enfanté ; jubile, éclate en cris de joie, toi qui n'as pas connu les douleurs ! ... Élargis l'espace de ta tente, déploie sans hésiter la toile de ta demeure, allonge tes cordages, renforce tes piquets !

Car ton époux, c'est Celui qui t'a faite, son nom est « Le Seigneur de l'univers ». Ton rédempteur, c'est le Saint d'Israël, il s'appelle « Dieu de toute la terre ».

Oui, comme une femme abandonnée, accablée, le Seigneur te rappelle. Est-ce que l'on rejette la femme de sa jeunesse ? – dit ton Dieu.

Un court instant, je t'avais abandonnée, mais dans ma grande tendresse, je te ramènerai.

Quand ma colère a débordé, un instant, je t'avais caché ma face. Mais dans mon éternelle fidélité, je te montre ma tendresse, – dit le Seigneur, ton rédempteur. » (Is.54,1...8)

Pour nous chrétiens, le lien entre ces deux chapitres préfigure les deux temps du mystère pascal : la souffrance et la mort du Christ au Vendredi saint, sa résurrection et le relèvement de l'Eglise au dimanche de Pâques.

Malachie

Dans le dernier des prophètes Malachie, le lien conjugal dérive de la volonté de Yahvé Dieu et bannit toute idée de répudiation, à l'instar de la fidélité de Dieu envers son peuple.

Yahvé a été témoin entre toi et la femme de ta jeunesse,
A laquelle tu es infidèle, bien qu'elle soit ta compagne et la femme de ton alliance. ...
Prenez donc garde en votre esprit, et qu'aucun ne soit infidèle à la femme de sa jeunesse!
Car je hais la répudiation, dit Yahvé, le Dieu d'Israël,...
Prenez donc garde en votre esprit, et ne soyez pas infidèles! »
(Ml.2, 14...16)

Dans ce passage, l'attachement et la fidélité sont d'abord requis du mari, lui qui avait le pouvoir de répudier, et non de la femme dont on attendait usuellement une attitude irréprochable comme gardienne du foyer.
Il ne s'agit plus de la femme en général mais de l'épouse. En effet, l'homme doit s'attacher à « *sa femme* », en hébreu bé'istô. S'il s'agissait d'une femme en général, on aurait eu bé'issâ, d'autant plus facilement qu'au v.23, on trouve 'issâ. Le changement de vocabulaire incite à penser que si l'ancien récit se situe au niveau anthropologique (la

femme en général), la glose v.24 passe au niveau plus précisément matrimonial (« sa » femme, l'épouse).

Ce passage prophétique corrige, à la lumière de l'alliance conjugale entre Dieu et son peuple, ce qui pouvait être ambigu dans la loi de Moïse

> « *Lorsqu'un homme prend une femme et l'épouse, et qu'elle cesse de trouver grâce à ses yeux, parce qu'il découvre en elle une tare, il lui écrira une lettre de répudiation et la lui remettra en la renvoyant de sa maison.* » (Dt 24, 1)

Ainsi, la répudiation a beau être tolérée par la Loi, elle est « haïe » par Dieu et ne justifie aucune infidélité. L'enseignement de Malachie est repris par Jésus.

Ce qui est remarquable dans ces trois passages, c'est que le mariage entre Dieu et Jérusalem n'est pas fondé sur une réciprocité dans l'amour mais sur un pardon constamment offert à l'infidèle, dont la médiocrité et l'ingratitude seules n'aboutiraient qu'au néant et à la honte. La grâce de Dieu est plus grande que le péché humain, et c'est à l'épouse pécheresse de découvrir et de s'émerveiller d'un si grand amour en dépit de tout.

Conclusion : penser le Mariage à partir de l'alliance divine

Le mariage n'est-il qu'une « métaphore » quand il s'agit de Dieu et de Jérusalem ?
- A partir du moment où le peuple de Dieu découvre que l'alliance qui constitue son existence et son identité en tant que peuple est conjugale, la notion même de mariage est transformée. La norme du mariage ne dérive plus des us et coutumes humaines au sujet de la descendance et de la transmission des héritages mais de l'éthos conjugal adopté par Dieu envers Jérusalem. **L'origine spirituelle** de l'union homme/femme à l'image de Dieu devient normative et détermine les exigences du mariage
- Semblablement, on verra qu'avec le Christ, la paternité et la filiation quand elles s'appliquent à Dieu Trinité ne sont plus de l'ordre d'un discours analogique empruntées à la reproduction animale, telles que les données de l'expérience nous le laissent penser spontanément. A l'inverse, paternité et filiation sont en christianisme des relations divines dont les créatures animées sont le lointain reflet. Cette inversion de fondement subvertit ces concepts et leur donne une acception radicalement nouvelle.

Ainsi, les musulmans ne comprennent pas comment

nous chrétiens, nous pouvons parler de filiation divine sans accouplement charnel, ce qui leur paraît non sans raison un blasphème.

Or, la paternité chrétienne ne s'origine pas dans la reproduction animale mais dans une imitation de l'engendrement qui existe en Dieu à partir Lui-même. Lui qui est *« source de toute paternité »* (Ep 3,15). Et la filiation divine qui en découle éternellement s'élargit dans une conjugalité que l'Incarnation du Fils accomplit en épousant l'Eglise. Voilà pourquoi dans les manifestations divines du Nouveau Testament, le Père dit : Voici mon Fils, le Bien-Aimé (de l'Eglise). » (Mt 3,17 ; 17,5 ; Mc 1,11 ; 9,7)

J'émets donc l'hypothèse qu'il faut renverser la perspective habituelle :
- l'engendrement, la paternité et la filiation sont d'abord des réalités spirituelles qui sont inhérentes à la nature-même de Dieu. Dieu est Amour et comme tel, il transmet et reçoit éternellement la vie éternelle. Aimer, c'est accueillir la vie d'autrui, la transmettre et l'offrir à Celui qu'on aime. Tel est le dynamisme de l'amour divin.
- Dans le plan de salut de Dieu, vient s'y ajouter l'alliance conjugale par laquelle Dieu partage Sa vie intime par amour avec ce qui n'est pas lui mais qu'il a créé à son image : l'humanité. Le mariage apparaît ainsi comme une réalité spirituelle émanant non seulement de la

nature humaine mais de la volonté divine. L'union de l'homme et de la femme est donc orientée et fondée « *vers l'image de Dieu* ». La différence sexuelle est bien inscrite dans le corps humain (« *mâle et femelle* ») dans toute sa matérialité comme tous les mammifères mais à la différence des animaux, la sexualité humaine n'est pas d'abord ordonnée à la reproduction mais à l'image de Dieu, et ce Dieu est Amour. La sexualité humaine est donc de toute autre nature que la sexualité animale. Elle n'est pas commandée par les périodes de rut mais par une sponsalité dans laquelle Dieu Lui-même S'est engagé avec Jérusalem.

C'est ce qui explique la valeur extraordinaire que le Christ confère au mariage, puisqu'il est réalisé par Dieu Lui-même (cf Mt.19,6) au point de stupéfier ses disciples (Mt 19,10) par ses exigences.

La Révélation divine atteste, à travers les Prophètes, que le mariage est une réalité qui relève d'une action divine avant d'être une détermination sociale. L'homme déchu est aux prises avec la convoitise, la prostitution et l'infidélité, qui corrompent sa beauté originelle.

En s'engageant envers Jérusalem, Dieu lui fait redécouvrir l'amour authentique, qui est la vocation ultime de l'humanité.

Nos unions humaines entre homme et femme sont de vivants reflets, des incarnations de cette conjugalité originaire voulue et vécue par Dieu dès la Création, et accomplie en Jésus Christ.

Le sacrement est le signe et le moyen des noces du Christ et de l'Eglise.

Pour nombre de Pères, l'union d'Adam et d'Eve a comme raison d'être de représenter prophétiquement les noces du Christ et de l'Eglise, réalité ultime du l'union conjugale.

Ambroise de Milan

« Adam et Eve... sont considérés comme figurant le Christ et l'Eglise, car, l'Apôtre ayant dit qu'ils sont « deux en une seule chair », a ajouté : « C'est là un grand mystère (sacramentum) : celui du Christ et de l'Eglise » (Ep.5,32) » (St Ambroise, In Lucam, IV, 66)

Hilaire de Poitiers

« Puisque le Verbe en effet S'est fait chair et que l'Eglise est membre du Christ, elle qui du côté de Celui-ci a été engendrée par l'eau et vivifiée par le Sang, puisque, par ailleurs, la chair dans laquelle est né le Verbe subsistant avant tous

les siècles, en tant que Fils de Dieu, subsiste parmi nous sacramentellement (per sacramentum), Il nous a enseigné clairement qu'Adam et Eve étaient le type de sa personne et de son Eglise.... Oui, le mystère qui est en Adam et Eve est une prophétie concernant le Christ et l'Eglise. » (St Hilaire, Traité des mystères, III et V)

Tertullien

« Quand l'Apôtre, en l'appliquant à l'Eglise et au Christ, explique : « Ils seront deux en une seule chair » (Gn.2, 24) comme les noces spirituelles de l'Eglise et du Christ (car un est le Christ, et une est son Eglise), nous devons reconnaître que la loi du mariage unique se trouve doublement étayée, tant dans sa conformité au fondement (fundamentum) de l'humanité que dans sa conformité au mystère (sacramentum) du Christ. Nous tirons donc notre origine d'un mariage unique, dans l'un et l'autre cas : charnellement en Adam ; spirituellement dans le Christ. » (Tertullien, *De exhortations castitatis*, 5,2)

Chez une mystique comme Edith Stein, on retrouve parfaitement exprimée cette forte et traditionnelle conviction des Pères :

« Ce sont les épousailles divines qui sont reconnues comme étant les épousailles originelles et véritables. Toutes les rela-

tions matrimoniales d'ici-bas nous apparaissent donc comme des copies imparfaites de ce prototype, de la même manière que la paternité de Dieu est le prototype de toute paternité sur terre. » (Edith Stein, *La science de La Croix, p.270*)

L'amour conjugal dans les écrits de Sagesse

Le livre de Tobie

Comme l'a remarquablement montré l'orientaliste André Dupont-Sommer (cf *L'Essenisme à la lumière des manuscrits de Qumrân*, Académie des Belles Lettres, fasc.IV, 2003)). le livre de Tobie a subi dans la version transmise par la Vulgate, des influences esséniennes notamment sur la conception du mariage et de la sexualité qui ont marqué la Tradition de l'Eglise.

Ce roman moral, sans doute composé au 2ème siècle avant le Christ, traite, entre autres, du mariage d'une manière concrète et vivante, facilement accessible aux fiancés.

1. L'histoire de Sarah, dont tous les prétendants meurent dès qu'ils la fréquentent, établit un lien entre **mort et sexualité** :la psychanalyse pourrait reconnaître dans la figure du démon Asmodée les pulsions qui nous habitent et qui peuvent gouverner notre sexualité de façon mortifère. La prière de Tobie, au moment de s'unir à sa nouvelle épouse Sarah révèle une toute

autre motivation : c'est bien la volonté originelle du Créateur qu'il veut mettre en œuvre et non pas son intérêt propre.

2. Le livre fait ressortir le caractère éminemment sacré du mariage entre croyants, que Dieu a instauré pour son peuple, dans les mots prononcés par le jeune homme : « *Le soir de son mariage, Tobie dit à Sara : « Nous sommes les descendants d'un peuple de saints, et nous ne pouvons pas nous unir (sexuellement) comme des païens qui ne connaissent pas Dieu.* » (Tb 8,5). Cette conscience aiguë de la **sainteté** inhérente à l'alliance conjugale en Israël fait écho à l'alliance entre Dieu et son peuple. Pendant longtemps, on a estimé que cette version transmise par la Vulgate était l'œuvre propre de St Jérôme et relevait d'une réécriture moralisante chrétienne par un Père de l'Eglise soucieux d'harmoniser l'Ancien Testament et saint Paul. L'étude stylistique et thématique effectuée par le professeur Dupont-Sommer montre de manière qui me semble convaincante qu'en fait cette conception est bien antérieure et se retrouve dans les manuscrits de Qumrân au 1er ou 2ème siècle avant notre ère.

Le Cantique des Cantiques

Bien que Dieu n'y soit pas mentionné, la tradition juive – puis la tradition chrétienne – y a toujours vu un immense poème mystique sur l'amour entre Dieu et Jérusalem, le Christ et son Église. La plupart des chants d'amour célèbrent la femme que l'amant désire ou dont il jouit. Ici, à l'inverse, c'est la Bien-Aimée qui prend la parole et exprime de manière toute féminine sa quête d'un Bien-Aimé qui la dépasse et la comble tout en attisant son désir.

Il ne s'agit pas de l'alliance à proprement parler mais de la transfiguration de l'être qu'apporte l'amour.

Les fiancés, même non croyants, y sont souvent sensibles. Ils y reconnaissent le mariage tel qu'ils le souhaitent, actualisation d'un amour toujours nouveau, et non pas simple convention sociale.

De nombreux passages mériteraient d'être amplement commentés.

Je sélectionne arbitrairement deux passages qui me paraissent éloquents.

Ct 1,5 « *Je suis noire mais je suis belle.* »

Pour les Pères, l'aimée est l'Eglise.

Parce qu'elle est composée de pécheurs, on peut dire symboliquement qu'elle est « noire ».

Parce qu'elle est enveloppée de l'amour du Christ, elle est non seulement purifiée mais elle devient « belle ».

« Je suis noire et belle, filles de Jerusalem. Noire par la fragilité de la nature humaine, belle par la grâce (du Christ) ; noire parce que composée de pécheurs, belle par le sacrement de la foi. » (St. Ambroise, De sacr. SC 25 bis, v, 2) Le Christ ne s'est pas contenté d'aimer l'Eglise d'un regard enamouré, insoucieux de ses fautes. Il a accepté d'être humilié, blessé, défiguré par le péché pour communiquer à son épouse la beauté de son amour :

« Comme Il était en forme de Dieu, Il n'a pas pensé que Son égalité avec Dieu fût une usurpation (Ph.2, 6). Voilà donc où l'a vu le 1er prophète, magnifique entres les enfants des hommes (Ps.44). Toi donc, parle à ton tour, et dis-nous où tu L'as vu n'ayant ni forme ni beauté ? Mais Il S'est anéanti Lui-même, prenant la forme de l'esclave, rendu en tout semblable aux hommes, et dans on comportement reconnu homme (Ph.2, 6). C'est donc au sujet de sa difformité que le second prophète a dit : Il S'est humilié Lui-même, devenu obéissant jusqu'à la mort et la mort de la croix. Voilà où je L'ai vu. Nos 2 prophètes concordent ... Quoi de plus magnifique que Dieu ? Quoi de plus difforme qu'un crucifié ? Et ce fiancé, le plus beau des enfants des hommes, Qui S'est rendu difforme pour rendre belle Sa fiancée, dont il est dit : O belle parmi les femmes (Ct.1, 7) » (St Augustin, Serm. 95, 4 ; PL 38, 582-583).

Pour les fiancés, souvent, ils ont fait l'expérience d'une « rédemption » par leur amour, d'une beauté nouvelle, issue non plus du physique mais du regard de l'autre. Ils ont à reconnaître leurs faiblesses et leurs péchés l'un devant l'autre mais ils sentent sauvés par la confiance, parfois par le pardon accordé. Voici le témoignage d'un fiancée qu'un regard de pardon a sauvé de la noirceur du péché.

« Nous avons vécu ensemble des années.. Et puis un jour, j'en ai eu assez et je suis parti avec un autre homme dont j'ai eu un enfant. Mais après quelque temps, j'ai compris que ce n'était qu'une aventure et un aveuglement passager. Alors je suis revenu vers celui que je n'avais jamais cessé d'aimer. Alors il m'a dit simplement « Je t'attendais » et il m'a accueillie telle que j'étais ; il a même accepté d'être le parrain de cet enfant : « Je ne suis pas son père mais puisque tu en as la charge et que tu deviens est ma femme, j'ai moi aussi une responsabilité vis-à-vis de lui. ». J'ai commis une grosse faute mais ce pardon m'a transformée. Ça nous dépasse complètement ; ça vient de Dieu et nous avons décidé de passer par l'Église. »

A l'image du Christ, ce fiancé ne s'est pas contenté de

passer l'éponge" : en se chargeant d'un enfant conçu dans l'infidélité, il a assumé pleinement les conséquences d'un passé tumultueux pour se tourner vers un avenir commun.

Ct 2,13 : « *Mon bien-aimé a parlé; il m'a dit : « **Lève-toi**, mon amie, viens, **ma toute belle**. Ma colombe, blottie dans le rocher, cachée dans la falaise, montre-moi ton visage, fais-moi entendre ta voix car ta voix est douce, et ton visage est beau.* » (Ct 2,13)

Les premiers mots « *Lève-toi* » évoque une résurrection – c'est le même mot en grec – une résurrection qu'opère l'amour du Bien Aimé.

Pour un père de l'Eglise comme Hilaire de Poitiers, c'est l'Eglise qui ressuscite grâce à la Passion du Christ :

« *Après le sommeil de sa Passion, l'Adam céleste, le Christ, reconnaît dans **l'Eglise qui ressuscite** (Ecclesia resurgente) son os, sa chair* » (St Hilaire, Traité des Mystères, V).

Et selon le commentaire de Théodoret de Cyr, ce mystère s'inaugure au soir du Jeudi-Saint, quand le Christ livre son corps à Son épouse :

« *Voilà pourquoi le Christ a appelé ce jour du **Jeudi Saint** : jour des épousailles et jour de joie de son cœur. Car ce jour-là s'est réalisée la communion du mariage... Par conséquent, ceux qui consomment les membres de l'Epoux et qui boivent son sang, obtiennent la **communion matrimoniale** avec Lui.* » (Théodoret de Cyr, *Sur le Cantique des Cantiques*, II,3,11)

« *Ma toute belle* »

Il y a une réciprocité dans le désir amoureux qui communique à l'un et à l'autre les attributs de chacun sans que toutefois ils y perdent leur personnalité propre. L'Eglise partage la résurrection du Christ et lui s'est chargé de ses faiblesses afin d'y manifester la puissance de Dieu.

La splendeur du Ressuscité se reflète dans la Bien-Aimée au point que c'est Dieu Lui-même qui désire voir et entendre celle que sa grâce a transfigurée et dont les conjoints sont l'icône :

> « *C'est Dieu qui se voit dans le regard réciproque de l'époux et de l'épouse. C'est Dieu qui s'aime dans leur amour, c'est Dieu qui donne, c'est Dieu qui reçoit, c'est Dieu qui parle, c'est Dieu qui écoute, c'est Dieu qui ordonne, c'est Dieu qui obéit, c'est Dieu qui souhaite, c'est Dieu qui contente, c'est Dieu qui goûte et c'est Dieu qui est le plaisir de ces amants sacrés* » (La perfection de l'amour du prochain dans tous les états, *Catherine Lévesque, 1685, p.193*).

NOUVEAU TESTAMENT
Les noces du Christ et de l'Eglise

Ce que Dieu a uni. Matthieu 19 1-12

« Est-il permis de renvoyer sa femme pour un motif ou un autre ? » (Mt 19,3)

Le chapitre 19, consacré d'abord à la question de la répudiation, est précédé par un long enseignement de Jésus sur le **pardon**. Tout se passe comme si le mariage ne pouvait être envisagé sans aptitude et volonté de pardon.

Pourquoi interroger Jésus sur la répudiation ? A l'époque, le phénomène s'est répandu dans la société juive : le divorce existait déjà chez les Grecs et les Romains. En Israël, deux écoles s'affrontaient :
- Les uns à la suite de Rabbi Hillel estimaient que le mari pouvait et devait renvoyer sa femme si elle était coupable d'adultère.
- Les autres comme Rabbi Shammai autorisaient la répudiation si la femme était sujet de gêne ou de honte pour l'homme, bien au-delà du seul cas d'adultère.

Rabbi Aqiba allait même jusqu'à soutenir qu'un homme pouvait renvoyer sa femme s'il en trouvait une plus belle.

On vient donc demander à Jésus ce qui, pour lui, peut légitimer la répudiation.
La réponse est étonnante dans sa radicalité, comme le note l'historien John P. Meier :
« Autour de 28-30 après J.-C., un prophète et maitre juif de Palestine du nom de Yeshua (Jésus) de Nazareth soutint à ses compatriotes juifs de Palestine une opinion stupéfiante en matière de loi : tout homme qui divorce de sa femme et en épouse une autre commet un adultère, de même que tout homme qui épouse une femme divorcée. Le présupposé à l'origine d'un tel enseignement est que, dans les deux cas, la seconde union est adultère parce que le lien du premier mariage reste valide au regard de Dieu, et ce malgré l'application stricte des procédures légales de divorce... Parmi les enseignements du Christ les mieux attestés dans les évangiles synoptiques et et chez Paul, on trouve l'interdiction du divorce, sous ses diverses formulations, ce qui témoigne à la fois de son importance et de sa nature problématique aux yeux des chrétiens, quelles que soient leurs origines.» (John P. Meier, Jésus et le divorce, Cerf, 2015, p.7)

Le Christ, pour étayer son enseignement, réponse, s'appuie sur les deux premiers récits de Création.

« *N'avez-vous pas lu que le Créateur, dès l'origine, les fit mâle et femelle ?* » (cf Gn 1,27). Jésus se réfère ainsi au projet de Dieu dès l'origine. Les Pharisiens, qui connaissent par cœur les textes, savent que le couple « mâle / femelle » se réfère implicitement « à l'image de Dieu ». L'argument de Jésus est donc que la relation entre l'homme et la femme engage aussi la relation à Dieu et ne peut être traité de manière purement profane.

« *C'est pourquoi l'homme quittera son père et sa mère pour s'attacher à sa femme.* » (19,5) Jésus motive le primat du lien conjugal sur le lien parental par la présence implicite de l'image de Dieu dans le couple « **mâle /femelle** », l'union sexuelle « à l'image de Dieu ».

– « *Ils ne sont plus deux mais une seule chair* « (19,6a).
Jésus insiste sur cette unité fondée dans la **faiblesse humaine** que Dieu bénit. Les conjoints ne sont pas parfaits, ils ont leurs défauts. Mais précisément, l'aventure conjugale consiste à relever le défi en se souvenant de la grâce reçue et à trouver ensemble et avec l'aide de Dieu des solutions aux problèmes rencontrés.

A vues humaines, la faiblesse est un obstacle que l'on ne doit pas négliger. Pour le croyant, elle est l'occasion de s'appuyer sur Dieu, pour être réaliste. La foi n'est pas une simple conviction. C'est un point d'appui pour la vie quotidienne : « *Si vous ne tenez pas à Moi, vous ne pourrez* pas tenir. » (Is 7,9). Avec les fiancés, c'est l'occasion de réfléchir longuement sur la foi comme acte de confiance, et non seulement comme opinion. La prière comme relation personnelle à Dieu est essentielle pour assumer la faiblesse, la »chair » partagée.

– « *Ce que Dieu a uni, que l'homme ne le sépare pas.*» (19,6b).

Ainsi le mariage n'est pas oeuvre humaine mais action de Dieu dès l'origine. Et nul ne peut briser un lien qui vient d'en haut. L'ordre ainsi établi vient de la Création elle-même

> « *Jésus insiste sur l'unité indissoluble de l'homme et de la femme, en répétant la phrase finale de Gn.2,24 : « Ils ne sont plus deux mais une seule chair.» L'exégèse immédiate de Jésus sus implique une certaine herméneutique : la Genèse l'emporte sur le Deutéronome.'.. L'ordre de la création, révélé en Gn.1-2, l'emporte sur le code législatif qui régit le divorce, promulgue dans le Deutéronome. A partir de cette herméneutique implicite, Jésus tire une conclusion – et un **commandement** – sur le mariage et le divorce (v.9) : « Donc ce que Dieu a uni, que l'homme ne le sépare pas ! «. La traduction traditionnelle permet de comprendre les mots de Jésus comme un souhait, mais le verbe grec est à l'impératif.* » (Jésus et le divorce, John P. Meier, Cerf, 2015, p.132)

– Les Pharisiens se réfèrent alors à l'Ecriture :

« *Pourquoi donc Moïse a-t-il prescrit de donner une acte de répudiation pour renvoyer nos femmes ?* »

De fait, le livre du Deutéronome au chapitre 24 ordonne :

« *Lorsqu'un homme aura pris une femme et l'aura épousée, si elle vient à ne pas à trouver grâce à ses yeux, parce qu'il a découvert en elle quelque chose de repoussant, il écrira pour elle une lettre de divorce et, après la lui avoir remise en main, il la renverra de sa maison.* » Dt 24,1)

Or, le but de cette injonction n'était pas de favoriser le divorce mais de protéger la femme. Auparavant, des hommes renvoyaient leur femme sans ménagement : et elle se retrouvait dehors sans possibilité de réinsertion dans leur famille, condamnée à une mort sociale. Le certificat de divorce rendait à la femme répudiée un statut qui lui permettait de « reconstruire sa vie «. Déjà en Matthieu 5, Jésus faisait allusion à cette « mauvaise » solution : « *quiconque répudie sa femme la pousse à l'adultère* ». John Meier remarque :

«(*L'argument développé dans Mt.5, 1b, selon lequel quiconque répudie sa femme fait qu'elle devienne adultère), est profondément enraciné dans la réalité sociale reflétée dans les Écritures juives et le judaïsme palestinien du temps de Jésus. Le mari, et lui seul, avait le pouvoir de prendre l'initiative de divorcer et, avec très peu de limitations, il le pouvait pour pratiquement n'importe quelle raison... La femme était fondamentalement sans défense... La seule façon pour une femme répudiée de retrouver son honneur et un soutien durable était de contracter un second mariage. »* (John P. Meier, op.cit. p.95)

Mais peu à peu, cette loi mosaïque a été interprétée comme une légitimation de la répudiation. Il suffisait d'un écrit pour légitimer un renvoi. Or, pour Moïse, c'était une mesure de sauvegarde de la femme et nullement une approbation du divorce.

– Aussi Jésus rappelle-t-il la véritable intention du législateur : protéger la femme de la dureté de leur mari :

« C'est en raison de votre dureté de coeur, mais à l'origine il n'en était pas ainsi.» (19,8). La loi de Moïse en l'espèce n'est que circonstancielle. Elle a obscurci le sens premier du mariage.

Elle n'est due qu'au péché de l'homme à l'égard de sa femme : la « dureté de cœur », que Jésus dénonce à bien des reprises (Mc 3,5 ; 6, 51-52 ; Mt 13, 5). Pour le mariage, ne convient-il pas de désirer un « *cœur nouveau* », et non plus ce « *cœur de pierre* » qui calcule tout ?

Avec les fiancés, le thème du pardon et de la tendresse selon Dieu au sein même des conflits peut s'enraciner dans la prophétie d'Ezekiel :

« Je vous donnerai un coeur nouveau, et je mettrai en vous un esprit nouveau; j'ôterai de votre corps le coeur de pierre, et je vous donnerai un coeur de chair. » (Ez 36, 26)

« *Or, à l'origine, il n'en était pas ainsi. Je vous le déclare : tout homme qui renvoie sa femme et en prend une autre commet un adultère, sauf en cas d'union illégitime.* » (19,9)

Jésus tire donc les conséquence de ce qu'il a affirmé sur le caractère divin de l'union conjugale

Il convient de revenir au projet de Dieu : unir l'homme et la femme pour toujours.

La faute ne consiste pas à cesser la vie commune, mais à fonder une nouvelle union.

Plus tard, l'Eglise autorisera la séparation pour un juste motif mais, fidèle à l'enseignement du Christ, n'envisagera jamais la possibilité du remariage.

L'interdiction formelle posée par Jésus se retrouve chez Marc et Luc et est corroborée par le témoignage de Paul dans la première lettre aux Corinthiens :

« *À ceux qui sont mariés, je donne cet ordre – il ne vient pas de moi, mais du Seigneur – : que la femme ne se sépare pas de son mari ; et même si elle est séparée, qu'elle reste seule, ou qu'elle se réconcilie avec son mari ; et que le mari ne renvoie pas sa femme.* » (1Co 7, 10-11)

L'historien John Meier insiste sur l'historicité certaine de ces paroles de Jésus, tellement elles tranchent avec les idées du temps. Contrairement à ce que croient la plupart des chrétiens, l'indissolubilité du mariage est une règle non pas de l'Eglise mais de Jésus lui-même, règle dont on trouve 5 occurrences dans le Nouveau Testament. On est là au cœur de la Révélation.

Une telle exigence ne peut se comprendre qu'en reconnaissant dans le mariage humain, vécu par les croyants, un engagement de Dieu lui-même, une incarnation du Christ Époux de son Eglise: *Ce que Dieu a uni...*, c'est d'abord Son Fils à notre humanité *en une seule chair,* mystère dont le mariage est le signe et la réalité au milieu de nous.

– *« sauf en cas d'union illégitime »* :
la seule exception envisagée par Jésus est la « porneia » (πορνεια : mot grec d'où vient l'adjectif « pornographique »). La « porneia » désigne un acte sexuel contre nature, tel que l'inceste, la prostitution ou l'homosexualité. Dans ce cas, il n'y a pas de vrai mariage et une telle cohabitation doit cesser dès que possible. La porneia ne peut pas se confondre avec l'adultère (en grec, « moichieia »), erreur de traduction que l'on trouve parfois dans certaines bibles en français.

– *« Si telle est la condition de l'homme vis-à-vis de sa femme, mieux vaut ne pas se marier. »* (19,10)
Les disciples sont stupéfaits de la rigueur de Jésus : sa position est unique à l'époque, et on ne trouve d'équivalent nulle part ailleurs ni avant ni après ni à l'époque. Le droit quasi absolu de l'homme sur sa femme est battu en brèche et la régulation sociale et juridique qui permettait de dénouer des unions vouées à l'échec est refusée par Jésus.

« Tous ne comprennent pas cette parole, mais seulement ceux à qui elle est donnée. » (19,11).

Selon le Christ, le mariage n'est pas d'abord une convention sociale, à laquelle tous devraient se soumettre. **Le mariage est une vocation.** Ceux à qui cet appel est lancé, comprennent la parole de Jésus sans qu'il y ait besoin de raisonner. Ils sentent en leur cœur que l'union conjugale a un caractère irrévocable. Mais tous ne sont pas appelés et donc tous ne ressentent pas l'exigence intérieure qu'est l'indissolubilité du mariage. Le caractère absolu de l'engagement correspond à l'absolu d'un appel, et non pas à la déduction d'un raisonnement.

Avec les fiancés, la prise de conscience que le mariage est une vocation et pas seulement un désir personnel ou un conformisme social donne une relief particulier aux fiançailles comme temps de discernement.

– *« Il y en a qui sont eunuques dès le sein de leur mère, d'autres le sont devenus par le fait des hommes. D'autres se sont rendus tels pour le Royaume de Dieu. Celui qui peut comprendre, qu'il comprenne ! »* (19,12)

L'absence de sexualité active n'est plus pour Jésus un motif de honte, comme il l'était dans tout le monde antique.

Jésus est le premier et le seul à valoriser le vrai célibat, comme une vocation alternative au mariage, et qui ne lui est nullement inférieure. Chez les Juifs, tout homme se devait de fonder une famille ; ne pas se marier était une anomalie, un handicap. Pour une femme, c'était une honte.

Puisque le mariage est de l'ordre de la vocation, il en est de même pour le célibat (compris comme absence de relations sexuelles).

– Les uns y sont appelés de **naissance** : ils n'ont pas besoin de sexualité active pour réussir leur vie, ou ils ont passionnés par un métier ou un juste cause qui les mobilisent tout entier, comme Jean Monnet avec la construction de l'Europe.

– D'autres ont connu une **blessure** physique ou sentimentale qui les a éloignés de l'aventure conjugale et ils doivent rebondir d'une manière différente (pensons, par exemple, à Madeleine Delbrêl, qui, suite à des fiançailles rompues, va trouver sa voie comme assistante sociale où elle fera merveille !).

– D'autres enfin renoncent aux relations sexuelles à cause du **Royaume**.

On peut penser, bien sûr, aux prêtres et aux religieux, mais à l'époque de Jésus, il n'y en a pas, et il est plus probable que le Seigneur fasse allusion à ceux qui sont abandonnés par leur conjoint et restent fidèles à leur mariage par respect de son caractère sacré : ce que Dieu a uni, que l'homme ne les sépare pas.

La fidélité au mariage, même dans les cas d'abandon par le conjoint, est caractéristique de la fidélité au sens sacramentel.

Qu'on me permette sur ce dernier point une anecdote J'étais à l'accueil quand une jeune fille de 20 ans pousse la porte et me dit : « *— Père, je veux redevenir chrétienne. — Je m'en réjouis. Que t'arrive-t-il ? — C'est à cause de Papa : quand j'avais 13 ans, Maman est partie avec un autre homme et Papa est resté seul à élever ses 3 enfants. La famille lui a dit que ce n'était pas raisonnable de rester solitaire avec une responsabilité éducative pour laquelle il était mal préparé avec son travail. Papa a refusé, Il voulait rester fidèle au Christ. Pendant 7 ans, je l'ai l'observé. Je voyais que la messe lui donnait une force et une joie incompréhensible. Il nous aimait et il ne disait jamais rien contre Maman. Au bout de toutes ces années, j'en suis sûre : Papa n'a pu tenir et trouver la sérénité que par l'action du Christ. Jésus existe vraiment et moi aussi, je veux croire en Lui pour de bon.* » (Tania, 20 ans)

Ce père n'a fait aucun discours à sa fille, il a juste vécu sa vocation d'homme marié en Christ qui avait renoncé à tout réconfort sexuel à cause du Royaume des cieux et qui était soutenu par la grâce conjugale.

A chacun de discerner sa vocation et de l'accueillir, tel est est le sens de la parole conclusive : *Celui qui peut comprendre, qu'il comprenne.*

Les noces de Cana Jean 2,1-11

Cet épisode ouvre le « livre des signes » dans l'évangile de Jean.

Jean lui donne une importance particulière, car il conclut au verset 11 :

– « *Tel fut le **commencement** des signes que Jésus accomplit, et il manifesta sa gloire et ses disciples crurent en lui.* » (2,11)

Le mot grec traduit par « commencement » (αρχη) signifie plutôt le fondement, la base. En quoi le signe des noces de Cana fonde-t-il tous les autres ? En première lecture, il semble mineur : changer l'eau en vin est certainement moins important que nourrir 5000 personnes dans le désert, guérir un aveugle-né ou ressusciter un mort. Il y a là un paradoxe qui invite à un examen attentif du texte. Chez Jean, les remarques de détail ont souvent une grande importance symbolique.

– « *Le troisième jour* » (2,1)

Le troisième jour après quoi ? Ce début n'est pas expliqué par le contexte ; les indications de temps sont trop vagues au chapitre 1 pour savoir à quoi se rapporterait un troisième jour.

En réalité, il s'agit d'une expression toute faite, qui renvoie chez les premiers chrétiens au mystère pascal : « le troisième jour « après sa mort, Jésus est ressuscité. En commençant ainsi son récit, Jean suggère à son lecteur qu'il y a un rapport étroit entre les noces de Cana et le mystère Pascal.

– « *Il y eut des noces... Or on manqua de vin.* »

Au temps de Jésus, les noces se célébraient pendant une semaine, notamment par un repas au cours duquel le marié offrait à ses convives le vin, denrée alors rare et réservée pour les grandes occasions. Et le fait que cette boisson vienne à manquer était grave : par pauvreté ou par avarice, le jeune époux ne se montrait pas à la hauteur de son mariage. C'était une question d'honneur et pas seulement de ravitaillement matériel !

On ne peut pas s'étonner que les femmes s'en soient émues et que Marie soit venu avertir Jésus d'un tel malheur.

– « *Femme, quel rapport entre moi et toi ? Mon heure n'est pas encore venue !* » 2,2)

La réponse de Jésus est étrange à plusieurs titres.
1. Pourquoi appeler sa mère « *femme* » ? Ce n'est guère poli, surtout dans la société juive où la mère jouissait d'une autorité certaine sur ses fils (voir la docilité des patriarches Isaac ou Jacob à l'égard de leur mère dans le livre de la Genèse)
2. La suite est encore plus bizarre, au point que la plupart

des Bibles traduisent par : « *Que me veux-tu ?* ». Mais le texte est clair : Jésus n'interroge pas Marie sur son désir. Il lui demande comment elle se situe par rapport à Lui. S'adresse-t-elle au Christ en tant que mère ou à un autre titre ? Jean parle de « sa mère » à plusieurs reprises mais le point de vue de Jésus semble autre.

– « *Mon heure n'est pas encore venue.* »
Enfin de quelle heure s'agit-il ?... Certains fiancés trouvent très vite un élément de réponse : si Jésus acceptait de donner le vin, il prendrait la place du marié en exerçant sa prérogative de don symbolique du vin.

Or, l'heure n'est pas venue effectivement pour Jesus de se marier !

Mais Jésus s'est-il jamais marié ? N'est-il pas resté célibataire toute sa vie ?....

Or, pour Jean, Jésus est l'Epoux dont le Baptiste est l'ami (Jn 3,29) et dont les noces seront appelées « *noces de l'Agneau.* » (cf Ap 19,7-9)

Il se trouve qu'un jour Jésus a donné le vin : c'était lors du dernier repas avec ses disciples, à la Sainte Cène. Ce soir-là, le Seigneur aurait pu se contenter de donner le pain consacré : après tout, le sang ne fait-il pas partie du corps ? Mais si le Christ se donne en nourriture (le pain), il célèbre aussi ses noces à ce moment : par le don de Lui-même, il épouse l'Eglise qu'il « *a aimé en se livrant pour elle* » (Ép 5,25).

Le vin des noces est alors identifié au sang de « ***l'alliance*** *nouvelle et éternelle* ». Le sacrifice du Christ est un sacrifice par amour conjugal. Les noces de Cana sont ainsi une préfiguration du mystère du Christ et de l'Eglise.

« Quel époux, en dehors de notre Seigneur, mourut jamais pour son épouse, et quelle épouse a jamais choisi comme époux un crucifié ? Qui a jamais donné son sang en présent à son épouse, si ce n'est Celui Qui est mort en croix et Qui par ses blessures scella son union nuptiale ? » (Jacques de Saroug, *Sur le voile de Moïse*)

C'est l'occasion de faire découvrir aux fiancés le lien intrinsèque que le Christ a établi entre le mariage et l'Eucharistie.

Dans les deux sacrements, il S'engage de manière indissoluble dans le corps par amour pour une alliance d'amour.

– « *Faites tout ce qu'il vous dira* » *(2,5)*
Jésus avait interrogé sa mère : « *Quel rapport entre Moi et toi ?* » Tout se passe comme s'il lui demandait de se situer par rapport à lui. La prière de Marie : « *Ils n'ont plus de vin.* » est-elle celle d'une mère à son fils pour un service à rendre en famille : Peux-tu les aider ?, ou Marie s'adresse-y-elle à Jésus comme fille d'Israël croyante se tournant vers le Messie pour lui demander un signe. Lors des noces de la Croix, Jésus s'adressera de nouveau à Marie en l'appelant « Femme » (Jn 19, 26). Plus que la

mère, il reconnaît en elle la femme qui fait de que Eve a défait : la foi en Dieu. Par sa foi, elle était devenue mère du Christ ; par sa foi, elle devient mère des croyants. Par sa réponse toute de confiance, Marie – implicitement – se situe sur le registre de la foi, foi qu'elle invite les serviteurs à partager : « *Faites tout ce qu'il vous dira.* » Et devant cette foi qui préfigure celle de l'Eglise, sa future épouse, Jésus accepte de réaliser le signe qui annonce « les noces de l'Agneau » : le don du vin.

« *Il y avait là 6 cuves de pierre pour les ablutions des Juifs.* » Jésus utilise cette eau de purification humaine pour la transformer en don de Dieu pour la joie des noces. Symboliquement, on passe de la Loi de purification rituelle à la grâce de la fête nuptiale entre Dieu et son Eglise. Le chiffre 6 étant le symbole d'un inachèvement, on devine que le mariage purement humain, déjà bon, attend sa perfection.

« *Car il était déjà bon, ce vin qui avait été produit par Dieu dans la vigne par le processus de la création et qui fut bu en premier lieu : nul de ceux qui en burent ne le critiqua, et le Seigneur lui-même en accepta. Mais meilleur fut le vin qui, par l'entremise du Verbe, en raccourci et simplement, fut fait à partir de l'eau à l'usage de ceux qui avaient été invités aux noces.* » (Irénée de Lyon, *Adv. Haereses*, III,11,5)

La suite du texte nous fait passer du chiffre 6, symbole d'inachèvement au chiffre de la perfection : 7.

– « *Remplissez d'eau les cuves... Ils les remplirent jusqu'au bord.* »

Pour les ablutions rituelles, de grandes cuves étaient utilisées comme réservoirs. Le repas étant bien avancé (il n'y a plus de vin !), les cuves ont été vidées et nettoyées. Et voici que Jesus demande de les remplir à nouveau. Loin de renâcler (Jésus n'est pas leur employeur !), les serviteurs les remplissent jusqu'au bord, indice d'une foi pleine et entière. Pourtant, il y a 6 cuves de plus de 100 litres. Et voici que Jésus suggère un 7ème récipient – plus petit mais qui change tout – quand il ordonne : « *Portez-en au maitre du repas.* ». La manœuvre n'exige pas d'effort physique mais elle n'est pas sans risque pour les serviteurs : leur maître doit résoudre un manque de vin et lui apporter de l'eau peut apparaître comme une mauvaise plaisanterie ! Là encore, leur foi en ce mystérieux invité les pousse à un geste audacieux.

En goûtant l'eau changée en vin, le « maitre du repas » (le traiteur) est témoin sans le savoir de la perfection apportée par le Christ au mariage : « *Tu as gardé le bon vin j'ai qu'à maintenant.* » Contre l'usage des hommes, l'irruption de la grâce de Dieu donne en surabondance le signe de la joie nuptiale, sauvant l'honneur de l'époux et manifestant la gloire du Christ. En accomplissant ce signe, Jésus se manifeste comme le véritable sujet et l'acteur ultime de tout mariage. D'ailleurs, l'identité du marié « historique » de Cana reste inconnue.

Conclusion

Dans ce court récit, la dimension nuptiale de l'Eucharistie est prophétisée, avant que l'heure en soit venue. Inversement, le mariage apparaît désormais comme le signe et la réalité de l'alliance nouvelle et éternelle du Christ et de l'Eglise à travers le don du corps : ceci est mon corps livré pour vous (pour toi).

Ce deuxième chapitre de l'évangile de saint Jean explicite le premier : « *le Verbe s'est fait chair et il a habité parmi nous* » (Jn 1,14), comme l'homme et la femme sont appelés à former une seul chair en demeurant dans l'amour. L'Incarnation a un caractère nuptial que les Pères souligneront à l'envi, au point de considérer la création de l'homme et de la femme comme une prophétie de l'alliance du Christ et de l'Eglise. Et l'on s'explique mieux la radicalité de Jésus au sujet du mariage : c'est son propre mystère de Verbe incarné qu'il affirme.

C'est pourquoi dans la Tradition ecclésiale, Mariage et Eucharistie ont toujours été si fort liés. Et encore aujourd'hui, la référence normale du mariage est la messe d'après le rituel.

A l'époque de la Réforme, St Robert Bellarmin écrit dans son De controversiis (III) que par le mariage, les conjoints portent la présence du Christ à son Eglise aussi réellement que le pain et le vin consacrés à l'autel.

Enfin, si le vin de Cana est le fondement de tous les signes que Jésus accomplit, c'est que ce miracle donne la clef d'interprétation des autres : tout signe, tout miracle de Jésus selon saint Jean procède de l'amour du Christ pour son Eglise et doit en être compris comme une illustration. Jésus n'est pas un thaumaturge, un chef ou un enseignant : Il est l'Epoux qui comble sa bien-aimée.

Ephésiens 5, 21-33 : l'amour du Christ et de l'Eglise

« *Soyez soumis les uns aux autres par respect pour le Christ,*
les femmes à leurs maris comme au Seigneur.
En effet, le mari est la tête de sa femme
comme le Christ est tête de l'Eglise,
Lui (le) sauveur du corps.
Or l'Eglise se soumet au Christ ; les femmes doivent donc, de la même manière, se soumettre en tout à leurs maris.
Maris, aimez vos femmes comme le Christ a aimé l'Eglise :
Il S'est livré pour elle, afin de la sanctifier en la purifiant par le bain d'eau qu'une parole accompagne..
Car Il voulait Se la présenter à Lui-même toute resplendissante, sans tache, ni ride, ni rien de tel, mais sainte et immaculée.
De la même façon, les maris doivent aimer leurs femmes comme leurs propres corps.
Aimer sa femme, n'est-ce pas s'aimer soi-même ?
Or, nul n'a jamais haï sa propre chair ; on la nourrit et l'on en prend bien soin.
C'est justement ce que le Christ fait pour l'Eglise : ne sommes-nous pas les membres de son corps ?

Voici donc que l'homme quittera son père et sa mère pour s'attacher à sa femme, et les deux ne feront qu'une seule chair.
il es grand, ce mystère : je veux dire qu'il s'applique au Christ et à l'Eglise. » (Ep.5,21-33)

C'est une catéchumène musulmane qui m'a fait (re)découvrir ce passage et je lui en suis profondément reconnaissant.

Le groupe d'accompagnement avait décidé d'affronter ce texte et l'un de nous se tourna vers la jeune femme en lui disant : « *Tu vois, chez nous aussi, on trouve des textes sur la soumission de la femme à son mari. Tu ne dois pas être dépaysée par rapport à l'islam.*
– *Pas du tout. Ça n'a rien à voir.*
– *Comment cela ?....*
– *Et bien saint Paul dit que nous devons être soumis les uns aux autres et pas seulement les femmes à leur mari. En islam, c'est impensable pour un homme. D'autre part, l'apôtre demande aux maris de se livrer à leurs femmes, de donner leur vie pour elles. A moins d'être amoureux fou, aucun musulman n'accepterait une telle exigence. !* »

Dès que nous entendons parler de soumission de la femme, nous pensons avoir à faire à une morale patriarcale, semblable à ce que l'on trouve dans tant de civilisations.

Or, s'il est vrai que Paul s'adresse aux hommes et aux

femmes, le noeud de son argumentation repose d'abord sur le Christ et l'Eglise et non pas sur l'institution matrimoniale, telle qu'elle existait chez les Juifs de l'époque.

En particulier, Paul cite Gn 2,24 : « *l'homme quittera son père et sa mère et s'attachera à sa femme et les deux ne devront qu'une seule chair* » mais il applique ce passage de l'Écriture au Christ et à l'Eglise. Un telle lecture typologique est reprise par toute la tradition des Pères.

« (Dans la Genèse), Moïse, le visage voilé, contemplait le Christ et l'Eglise ; l'un, il L'appela **Homme***, et l'autre :* **Femme***, pour éviter de montrer aux Hébreux la réalité dans toute sa clarté. De diverses manières, il voila ses paroles à ceux du dehors ; il décora la demeure du royal Epoux d'une image qu'il intitula : l'Homme et la Femme, bien qu'il sût que sous ce voile se cachaient le Christ et l'Eglise. Mais, à leur place, en raison du secret à garder, il ne parla que de l'Homme et de la Femme, car le voile devait encore, durant un temps, recouvrir le* **mystère***. Personne ne connaissait la signification de cette grande image ; on ignorait ce qu'elle représentait...*

Après les fêtes nuptiales, vint Paul ; il vit le voile étendu sur leur splendeur et le souleva. Il révéla le Christ et son Epouse à l'univers entier et les montra comme étant ceux que Moïse avait décrits dans sa vision prophétique. L'Apôtre s'écria dans un élan d'enthousiasme : Ce mystère est grand (Ep.5, 32). Il révéla Qui représentait cette image voilée appelée par la prophétie l'Homme et la Femme : Je le sais, c'est le Christ et son

Eglise qui sont devenus un. » (Jacques de Saroug, *Sur le voile de Moïse*)

L'épître aux Ephésiens si mal comprise en ce chapitre mérite quelques développements

1/ l'amour comme fondement du mariage

Dans aucune civilisation antérieure, l'amour n'apparaît comme le fondement du mariage de manière aussi nette. L'institution matrimoniale a habituellement comme motif premier et universel de fonder une famille, d'avoir des enfants et de transmettre un héritage.

Et voilà que soudain l'**amour** devient la raison d'être même du mariage.

Il y a là une originalité que des siècles de christianisme ont gommée dans la conscience occidentale, et qui sautait aux yeux de notre jeune musulmane.

En écrivant aux Ephésiens, Paul présente l'alliance conjugale comme une imitation de **l'amour du Christ et de l'Eglise**. Le lien entre parents et enfants est aussi évoqué dans la lettre, mais clairement il n'est pas central.

On est très loin des considérations de la 1ère lettre aux Corinthiens, où le mariage apparaissait surtout comme un remède à la passion : « si la continence fait défaut, qu'on se marie ! Mieux vaut se marier que brûler. » (1Co 7,9)

Non sans humour, le P. Cothenet note que l' « on pourrait écrire un petit traité de l'Amour de Dieu à partir de la seule épître aux Ephésiens. »

1°) l'amour (« agapè » αγάπη en grec) : le substantif revient 10 fois (sur un total de 33 dans tout le corpus paulinien. Le verbe présente 10 occurrences dans l'épître sur un total de 75). Aucune épître ne présente une telle abondance. Il est constamment rappelé que Dieu nous a aimés *« en Christ »* (1,4), que cet amour nous a fait revivre, *ressuscités avec le Christ (2,4)*. C'est pourquoi nous devons vivre « *enracinés dans l'amour* » (3, 17), et expérimenter *l'amour de Christ, qui surpasse toute connaissance (3,14)*.

En abandonnant notre premier genre de vie et en nous dépouillant du vieil homme, c'est une vie nouvelle que nous pouvons mener. Désormais, « *cherchez à imiter Dieu comme des enfants bien-aimés, et suivez la voie de l'amour à l'exemple du Christ Qui nous a aimés et S'est livré à Dieu pour nous, en offrande et en sacrifice d'agréable odeur.* » (5, 2)

Il s'agit donc d'un amour radicalement différent en son fondement de l' « éros » que suscite la seule sexualité. L'amour d' « agapè », auquel l'époux chrétien est convié n'a donc rien à voir non plus avec les « structures patriarcales » de l'époque, mais est parfaitement conforme à notre nouvelle condition de ressuscités, nous qui sommes *« créés dans le Christ Jésus en vue des bonnes œuvres que Dieu a préparées d'avance pour que nous les pratiquions »* (2, 10).

2/ Le mariage comme mystère

Autre notion-clé de la lettre aux Ephésiens : le **mystère**.

Ce terme (μυστήριον) revient 6 fois en Ephésiens (sur un total de 20 pour l'ensemble du corpus paulinien) : il est ici toujours lié au registre de la connaissance, comme quelque chose qui ne peut être dévoilé – le moment venu – que par révélation :

– *« Dieu nous a fait connaître le mystère de Sa volonté. »* (1, 9)

– *« Dieu m'a accordé par révélation la connaissance du mystère. »* (3, 3)

– *«A me lire, vous pouvez comprendre l'intelligence que j'ai du mystère du Christ.»* (3,4)

– *« Ce mystère n'avait pas été communiqué aux hommes du temps passé. »* (3, 5)

– *« il est grand, ce mystère : je dis qu'il s'applique au Christ et à l'Eglise. »* (5, 32)

– *« Qu'il me soit donné d'annoncer hardiment le mystère de l'Evangile »* (6, 19)

Si l'on admet que le chapitre 5 est homogène à l'ensemble de la lettre, le mot « mystère » ne doit pas être référé d'abord au mariage, mais bien à la révélation du dessein de Dieu, laquelle s'effectue dans l'union du Christ et de l'Eglise. Par ailleurs, ce mystère est destiné à être annoncé « *hardiment* » à tous : la lettre aux Ephésiens insiste sur cette tâche que l'Eglise reçoit, « *pour que* les Principautés et les Puissances célestes aient maintenant connaissance, par le moyen de l'Eglise, de la sagesse infinie en ressources déployée par Dieu. » (3, 10)

Loin de s'opposer, connaissance et charité s'appellent sans cesse sous la plume de l'auteur sacré, qui les conjoint d'ailleurs au sujet de l'Eglise dans une remarquable formule : « *vivant la vérité dans l'amour* » (4, 15), ce qui montre – par parenthèse – que le « mystère » n'a ici aucune connotation gnostique, qui le laisserait indifférent à la charité. On retrouve l'enseignement du psaume : « *Amour et vérité se rencontrent.* » (Ps 84, 11)

Au chapitre.5, le mariage chrétien n'est donc pas l'objet même du mystère : il est l'un des moyens privilégiés d'actualiser quelque chose de ce mystère qui le fonde et l'anime, et qui est celui de l'union du Christ et de l'Eglise. La doctrine des Pères n'est pas infidèle au texte quand, loin d'interpréter ce passage comme un traité de « morale domestique », elle en tire un enseignement essentiellement christologique et ecclésiologique.

3/ Les deux modes de l'amour du Christ appliqué au mariage

Ce que Paul demande à l'homme et à la femme, il le tire de l'exemple du Christ : **la soumission et le sacrifice.** Jésus a été soumis par amour. Jésus s'est livré par amour.

En Sa personne, il a vécu ces deux dimensions qui définissent l'amour chrétien.

La soumission

a) Jésus s'est soumis à son Père en toutes choses sans jamais perdre sa liberté ni sa dignité égale au Père. Car il S'est dépouillé lui-même (Is 53,12; Ph.2,7) en notre faveur par amour du Père.

b) En vertu de son Incarnation, il a voulu également vivre la soumission comme enfant : de Joseph et Marie, on nous dit qu' « il leur était soumis » (Lc 2,51) en leur ayant montré la primauté des « affaires de son Père » (Lc 2,50)

Et c'est bien ainsi que l'Esprit nous rend capables d'imiter Dieu :

« Par respect pour le Christ, soyez soumis les uns aux autres. » (Éph 5, 21)

La femme dans le mariage est l'icône de cette dimension de l'amour du Christ. Elle en donne l'exemple et le témoignage à son mari. Mais il est clair que lui aussi doit à son tour manifester ce même mouvement. Le propre de la femme n'est pas d'être soumise mais de révéler à son mari en quoi consiste la soumission à la suite du Christ.

Saint Jérôme, qui passe pourtant pour misogyne, commente ainsi ce passage

« Soyez soumis les uns aux autres par respect du Christ. » (Ep.5, 21). Qu'ils écoutent cela, les évêques, les prêtres et

*tout l'ordre des docteurs ! Et qu'ils se soumettent à ceux qui leur sont soumis, qu'ils imitent l'Apôtre quand il dit : « libre vis-à-vis de tous, je me suis fait le serviteur de tous pour en gagner le plus grand nombre. » (1Co.9, 19) .... Ce précepte général sera également appliqué dans ce qui suit : « Femmes soyez soumises à vos maris » (Ep.5, 22), et « Enfants, obéissez à vos parents. » (Ep.6, 1), et « Serviteurs, obéissez à vos maîtres charnels avec crainte et tremblement. » (Ep.6, 5) : qu'ils soient soumis, **non seulement la femme à son mari**, les enfants à leurs parents, et les serviteurs à leurs maîtres, **mais à l'inverse (invicem) : les maris à leurs femmes, en assumant leur responsabilité (officium),** les pères à leurs enfants pour ne pas les provoquer à la révolte, et les maîtres à leurs serviteurs, en s'abstenant de menaces et en donnant à ceux qui sont dans le besoin. Et qu'ils le fassent **par respect du Christ**...*

« Femmes, soyez soumises à vos maris comme au Seigneur, car l'homme est la tête de sa femme comme le Christ est tête de l'Eglise. » (Ep.5, 22-23)
Dans les versions latines, on a ajouté : « soyez soumises », ce qui ne se trouve pas dans les manuscrits grecs : on doit sous-entendre l'expression et la rapporter à la phrase précédente : « Soyez soumis les uns aux autres par respect du Christ. » (v.21), ce qui est la soumission demandée à tous, et les femmes à leurs maris comme au Seigneur. Il faut donc plutôt suivre le grec.

*L'épouse est soumise à son mari, de la même manière que l'Eglise est soumise au Christ. En effet, le mari et la femme sont tenus au même rapport que celui que présentent le Christ et l'Eglise au niveau de la primauté et de la soumission. Ainsi **de même qu'il y a une union sainte (sancta coniunctio) entre le Christ et l'Eglise, de même il y a une union sainte (sancta copula) entre l'homme et la femme.** »* (Jérôme, Commentarium in Ep. ad Ephesios, PL 26. 439-554)

On voit dans ce commentaire que Jérôme utilise même la critique textuelle (le grec contre la vetus latina) pour refuser que la soumission soit réservée à la femme.

Ainsi, le verset 21 : *Soyez soumis les uns aux autres par respect pour le Christ.* est la clé indispensable à la bonne compréhension du passage.

Le sacrifice

D'autre part, Jésus a livré son corps pour son Épouse, l'Eglise, et Il a donné la coupe de vin que le fiancé tendait à sa fiancée pour célébrer leurs noces.

« Prenez et mangez : ceci est mon corps livré pour vous... ceci est la coupe de la nouvelle alliance en mon sang. » (Lc 22,19-20)

Par le don de son corps, l'homme est l'icône du sacrifice d'amour du Christ pour son Eglise : « *Maris, aimez vos femmes comme le Christ a aimé l'Eglise : Il S'est livré pour elle..* » (Ep 5,25). Mais là encore, il n'est pas le seul concerné : il donne l'exemple de ce que les deux conjoints doivent donner. De même que la femme révèle la soumission pour que l'homme la vive à son tour en référence au Christ, de même l'homme témoigne du corps livré par le Christ pour son Eglise afin que la femme, elle aussi, vive cette dimension de l'amour.

Le Christ est vraiment Celui qui nous sauve par amour en se livrant :
« *Le Christ **m'a aim**é et **S'est livré pour moi**.* » (Ga.2, 20)
Le début du chapitre 5, en effet, invite **tous les chrétiens** à suivre l'exemple du Christ de cette façon :
« *Vivez dans l'amour, **comme le Christ nous a aimés et s'est livré lui-même** pour nous, s'offrant en sacrifice à Dieu, comme un parfum d'agréable odeur.* »
Dans le mariage, il revient au mari de commencer :
« *Vous, les maris, aimez votre femme à l'exemple du Christ : **il a aimé l'Église, il s'est livré lui-même** pour elle,* » (Ep 5,25).
Mais comme tout disciple du Christ, la femme en voyant son mari doit à son tour entrer dans cet élan d'amour sacrificiel réciproque.

Il serait donc faux de séparer les deux attitudes pour en réserver l'un à la femme (la soumission) et l'autre à l'homme (le sacrifice), comme des prérogatives exclusives.

Il y a en fait deux attitudes complémentaires que les époux doivent vivre, chacun éclairant l'autre avec son charisme propre, et qui s'enracinent toutes deux dans l'amour du Christ.

Les baptisés sont tous appelés à vivre cet amour tant en étant soumis les uns aux autres dans la crainte du Christ, qu'en se donnant, en se livrant comme lui en « *offrande et sacrifice d'agréable odeur.* » (Ep.5, 2).

Le mariage est le lieu privilégié qui permet de déployer ces deux dimensions de l'amour chrétien, en les assignant de manière symbolique à chacun des conjoints, selon l'ordre de la figure adamique. Cette symbolique, dont l'homme et la femme sont porteurs, ne les enferme pas, pour Paul, dans une attitude que chacun serait seul à devoir adopter : c'est pour tous que la femme est signe et invitation (v.22) à une soumission mutuelle (v.21); de même, l'homme est signe pour tous (v.25) du sacrifice du Christ qu'il nous faut imiter (v.5).

Gn.2, 23 et Gn.2, 24 sont utilisés par Paul, non pas pour traiter immédiatement du mariage, mais pour affirmer que le Christ et son Eglise sont le couple primordial, principe de toute alliance.

Les Pères prolongeront l'interprétation christo-ecclésiocentrique du récit de la Genèse. Ce qu'exprime typologiquement le couple Adam-Eve de l'union du Christ et de l'Eglise, le mariage est appelé à le réaliser et le signifier existentiellement, ce en quoi il est « sacrement ». Mais le mystère du Christ et de l'Eglise garde une place primordiale et fondatrice, qui accomplit la figure adamique et structure la vie conjugale chrétienne, tout en débordant l'une et l'autre.

Toutefois, le Christ n'est pas formellement identifié à l'époux, ni l'Eglise, à l'épouse. Son amour, sous ses deux aspects de don de soi et de soumission, est source unique tant de l'amour de l'homme pour sa femme, que celui de la femme pour l'homme. L'homme et la femme bénéficient tous deux au sein de l'Eglise de la grâce du Christ, Lui Qui est seul « sauveur du Corps » (5, 23c).

C'est pourquoi il faut bien se garder de faire du mari un « autre Christ », et de la femme une simple image de l'« Eglise ». Les correspondances se font d'abord d'une union à l'autre, et non de personne à personne.

A notre connaissance, la grande exégèse patristique a toujours évité ce danger. Un grand auteur médiéval, Hincmar de Reims, qui a consacré deux traités au mariage, commente Ephésiens 5 sans jamais relier jamais directement l'homme au Christ, et la femme à l'Eglise : son raisonnement se fonde sur le « sacrement du **Christ ET de l'Eglise**», sans séparer l'un de l'autre quand il s'agit de traiter du mariage et du statut des époux.

« *Il l'a purifiée par un bain d'eau qu'une Parole accompagne* » (5,26)

C'est le seul passage du Nouveau Testament où l'eau du baptême apparaisse également comme le bain nuptial, établissant l'analogie amplement reprise par les Pères entre le **baptême** et le **mariage**.

Le bain d'eau dont il est question en Ep.5, 26 n'est pas seulement purification des péchés. Il s'entend aussi de l'un des rites nuptiaux qui étaient accomplis pour présenter la fiancée à son futur époux, et le v.27 confirme le sens matrimonial du bain d'eau. On peut s'étonner que l'Eglise apparaisse ici comme préexistant à l'alliance qui la fonde. Il est également surprenant que ce soit l'époux qui procède au bain d'eau : selon le rite juif, la jeune épousée était baignée par ses compagnes, puis présentée à son époux. Ici, c'est l'époux qui procède lui-même au bain de la femme.

La Bible nous fournit un parallèle unique : dans Ezéchiel 16, c'est Yahweh qui lave Jérusalem :

« *Je te lavai dans l'eau, Je fis disparaître le sang qui était sur toi, et Je t'oignis avec de l'huile* » (v.9).

Il lui propose le mariage, après l'avoir recueillie, elle qui était semblable à une fillette « *jetée dans les champs au jour de sa naissance* » (v.5). En Ez.16 (comme en Ep.5), la renaissance et les épousailles sont un seul et même mouvement qui donne à Jérusalem (et à l'Eglise) et la purification des souillures antérieures, et sa vraie beauté.

De même, l'amour conjugal purifie et transforme. Loin de « déflorer » la jeune mariée, l'union charnelle la sanctifie et lui confère une beauté spirituelle. D'où l'expression à nos yeux étrange utilisée par Tertullien ou Jerôme de *sancta copula* : « saint accouplement ».

CONCLUSION de ce parcours biblique

Le mystère de Dieu, fondement de l'amour humain

Certains ont été tentés de voir dans l'homme un « animal intelligent » et ont développé une anthropologie qui interprète le comportement humain en référence aux autres êtres vivants, comme les grands singes.

Plus généralement, l'engendrement est perçu comme l'équivalent humain de la reproduction animale. Autrefois, l'éducation sexuelle passait – entre autres – par l'observation du bétail à la ferme à l'heure du vêlage. Aujourd'hui, beaucoup disent : « Nous avons décidé de **faire un enfant.** », comme si la génération était de l'ordre de la manufacture.

Les musulmans sont choqués quand nous leur parlons d'un Dieu Père ou Fils, ou Amour. Pour eux, toutes ces notions – hautement respectables au demeurant – ne proviennent que du monde terrestre et supposent un accouplement charnel pour exister.

Pour nous chrétiens, la paternité et la filiation sont des réalités d'abord spirituelles qui existent en Dieu avant de se refléter lointainement dans la création.

Les relations proprement humaines procèdent du mystère de Dieu et non d'abord des lois de la nature.

Bien sûr, il y a un « support matériel » analogue au monde animal, et le mode d'accouplement ou d'enfantement est approximativement semblable chez tous les mammifères, hommes compris.

Mais la raison d'être est radicalement différente. « *mâle et femelle* », nous sommes créés hommes « *à l'image de Dieu* ».

Les notions de **paternité** ou de **filiation**, de **personne** ou de **communion** se pensent à partir de la vie divine, et non du règne animal.

Être père ne se réduit pas à une fonction, celle de géniteur. Dieu seul est « *source de toute paternité* » (Ep.3,14) et nous n'avons « qu'un seul Père, celui qui est dans les cieux » (Mt 23,9). Mais puisque nous sommes créés à son image, nous sommes rendus participants de cette paternité qui n'est pas de nous mais qui passe par nous.

Et puisque Dieu non seulement nous a créés mais S'est incarné, notre humanité se comprend pleinement qu'à partir du Christ, vrai Dieu et vrai homme.

> « *En réalité, le mystère de l'homme ne s'éclaire vraiment que dans le mystère du Verbe incarné. Adam, en effet, le premier homme, était la figure de celui qui devait venir, le Christ Seigneur. Nouvel Adam, le Christ, dans la révélation même du mystère du Père et de son amour, manifeste pleinement l'homme à lui-même et lui découvre la sublimité de sa vocation.* » (Gaudium et spes, 22,1)

De même, le mystère des noces ne s'éclaire, pour nous chrétiens, qu'à partir des noces du Christ et de l'Eglise et non l'inverse. Quand les prophètes ont développé la « métaphore conjugale » pour exprimer l'alliance entre Dieu et Jérusalem, c'est la conjugalité elle-même qui s'en est trouvée transformée et éclairée.

Le thème des noces de Dieu avec son peuple est fréquent chez les prophètes (Os.2, Is.64, Ez.16, Jr.2,....) Il est repris dans les Synoptiques (paraboles du festin de noces Mt.22, des vierges attendant l'époux Mt.25), et plus encore chez St Jean (Jn.2, 1-11 ; 3, 29 ; Ap.19.21). On le trouve aussi chez St Paul (2Co.11, 2). Et à partir de la lettre aux Ephesiens, il apparaît explicitement que le mystère du Christ et de l'Eglise est le fondement de tout amour conjugal chrétien. Et la Tradition des Pères est unanime sur ce point.

Jean-Paul II le rappelle avec clarté :

« le mariage est éclairé comme sacrement de l'union de Dieu et de son peuple, et non pas l'inverse. En d'autres termes, ce n'est pas l'amour humain qui éclaire le mystère de Dieu, c'est le mystère de Dieu qui permet de comprendre quelque chose de l'amour humain. » (Jean-Paul II,

A Vatican II, la reconnaissance préalable de l'Eglise comme mystère a permis de sortir de débats mal engagés ou stériles (place de l'Eglise « militante », rôle des laïcs, attitude vis-à-vis des autres confessions...). Analogiquement, il en est de même pour le mariage : tant que l'on le mesure à l'aune des obligations qu'il fait peser ou à la fonction sociale qu'il peut remplir, des discussions sans fin risquent d'en faire oublier la réalité profonde : **le mariage n'est pas d'abord de l'ordre du droit, mais du mystère.**

Trop souvent, la question des « divorcés-remariés » ou des nullités de mariage n'est abordée que sous l'angle du permis ou du défendu, du licite ou de l'illicite, du valide ou de l'invalide. Ce légalisme, étroit ou laxiste selon les tendances, décourage bien des couples : ils cherchent d'abord un chemin spirituel et non une solution juridique, même si celle-ci est nécessaire en son temps.

Dans l'accompagnement des fiancés, ou des personnes mariées, unies ou en situation de divorce, ou de divorce-remariage, nos premières réflexions portent plus sur leur rapport personnel au Christ (aussi sommaire qu'il puisse parfois être) que sur leur situation matrimoniale. Il faut remettre les problèmes dans une perspective spirituelle. On en vient à parler du Christ et de son Eglise. C'est à partir de là que l'on revient à la situation concrète. L'apparent détour permet de sortir de soi-même, de prendre de la distance, de découvrir que le mariage n'est pas une affaire purement privée, et de tenir compte de la réalité du Christ présent à notre vie. L'attention portée d'emblée au mystère interdit les trop faciles mises en catégories, et évite les impasses d'une confrontation directe entre une situation souvent complexe et des jugements mal placés. On tente humblement, désireux non de posséder ou d'affirmer une solution toute faite, mais de « faire la vérité » dans le Mystère, qui, selon l'interprétation patristique du mot, implique un don objectif, mais non fétichisable, auquel les signes participent totalement mais sans l'épuiser jamais.

Nous avons à tenir compte des conditionnements sociologiques du mariage, sans jamais les confondre avec sa réalité ultime que déploie le mystère sacramentel. Par ailleurs, actuellement, la dimension sociale du mariage est trop affaiblie pour s'affirmer par des données juridiques, dont la complexification exponentielle ne fait que souligner la fragilité et l'impuissance.

Témoin de l'expérience pascale qu'il fait de Jésus-Christ, le chrétien est bien placé pour affirmer que l'amour vient de Dieu et qu'il est un don transcendant fait à l'homme, et qu'il est communiqué même dans les tribulations du temps présent.

Rappelant cette dimension de transcendance, **la notion de Mystère est aussi intrinsèquement** liée à celle d'**intimité divine** : la volonté de Dieu, c'est de faire entrer dans sa vie intime tous les hommes au fur et à mesure qu'Il leur dévoile Sa présence au milieu d'eux en son Verbe fait chair. Comme toute intimité, le mystère est à la fois un « secret » et le partage de ce « secret du roi » avec ceux qu'Il a choisis librement : « *Le mystère, c'est le **Christ en vous**, Lui, l'espérance de la gloire.* » (Col. 1,27)

Le corps, lieu des relations humaines

Nous avons vu que le deuxième récit de création présentait la personne humaine comme un corps animé par le souffle de vie venant de Dieu.

Et le corps lui donne la possibilité de la parole, d'un discours qui se déploie dans le temps et traverse l'espace créé.

> *« C'est seulement dans un corps, habité par le rythme du souffle, qu'est possible la parole. C'est dans le corps que font alliance l'espace et le temps... L'instant suffit au cri... La parole a besoin d'une autre forme de temps, d'un temps qui ait forme : une durée. Le corps est l'être-là du commencement, son maintenant. »* (Paul Beauchamp, *L'un et l'autre Testament : accomplir les Écritures*, p.26)

Le Pape Jean-Paul II insiste sur le fait qu'il y a un **langage du corps**, dont les relations sexuelles sont le lieu privilégié. Mais le corps ne devient vraiment langage que dans le dialogue. Et il n'y a vrai **dialogue** que dans la reconnaissance et le respect d'une **altérité**. Et la différence sexuelle est la « grammaire » fondatrice de cette altérité. La différence sexuelle exprime le mystère de l'Autre toujours insaisissable et toujours présent. « La différence sexuelle, qui s'entend à chaque verset du Cantique, constitue dans l'expérience humaine le chiffre le plus précieux de l'ouverture à l'autre, et dès lors à l'altérité du divin. La différence des sexes est ce qui empêche chacun de se totaliser comme « homme – au sens générique – , et qui inscrivant en chacun un manque fondamental, le fait porteur du vœu de connaître l'autre et d'être connu par lui – ou par elle.... En exprimant le souhait du seul à seul, en racontant l'attente et la remémoration, en disant les paroles de salutation et celles de l'adieu, le discours amoureux articule ce qui est aussi la logique et le tempo de la vie mystique. Ici comme là, il s'agit de dialoguer avec un autre, imprévisible en sa fidélité. » (Jean-Pierre Sonnet, *Postface aux sermons de St Bernard sur le Cantique*, Sources Chrétiennes n.452, 2000, p.383)

On doit au génie de Jean Paul II d'avoir révélé **la signification sponsale du corps.** Le masculin et le féminin ne peuvent se penser que comme relation de l'un à l'autre dansun dialogue d'amour.

> *« Le corps, qui exprime la féminité «pour» la masculinité et, vice-versa, la masculinité «pour» la féminité, manifeste la réciprocité et la communion des personnes. Il l'exprime dans le don comme caractéristique fondamentale de l'existence personnelle. Voici ce qu'est le corps: un témoin de la création en tant que don fondamental, donc un témoin de l'Amour comme source dont est né le fait même*

de donner. La masculinité-féminité – c'est-à-dire le sexe – est le signe originel d'une donation créatrice d'une prise de conscience de la part de l'être humain, homme-femme, d'un don vécu, pour ainsi dire, de la manière originelle. C'est avec cette signification-là que le sexe prend place dans la théologie du corps. » (Jean-Paul II, Audience générale, 9 janvier 1980)

L'immense majorité des gens pensent leur corps comme un corps individuel : deux bras, deux jambes, un cerveau... etc. Ils ne le pensent pas comme un lieu de relations, et un lieu de relations sponsales. Que l'on soit célibataire ou en couple, notre masculinité (ou notre féminité !) nous renvoie à l'autre sexe et se définit en relation avec lui. Toutes nos relations en tant qu'être humain sont sexuées.

Le sacerdoce dont je suis investi en tant que prêtre passe par ma masculinité et je ne m'adresse pas de la même manière à un homme ou à une femme.

La longue fréquentation de délinquants sexuels en prison m'a fait découvrir la différence radicale entre **pratiques sexuelles** et **relations sexuelles.**

Les pratiques sexuelles sont des gestes et des actes qui visent en général la jouissance individuelle et qui utilisent les autres ou soi-même comme des objets.

Les relations sexuelles se nouent de personne à personne par le biais du corps, et le corps dispose d'une éloquence intime autrement plus profonde que le simple discours oral ou écrit. En lui, les mots prennent chair et il actualise l'échange d'amour d'une manière irremplaçable.

L'indigence dramatique de l'éducation sexuelle actuelle réside dans le fait de réduire le sexe à des pratiques aussi variées que possible dans la mesure où elles sont « protégées ». Au mieux, on parle aux jeunes de tendresse. Mais cela ne suffit pas encore pour aimer en vérité.

La délinquance sexuelle qui prospère aujourd'hui en dépit d'une répression inégalée dans l'histoire n'est que le symptôme d'un malaise d'une civilisation hédoniste qui préfère la jouissance à la relation.

La présence effective du Christ dans le mariage

Quand je présente la déclaration d'intention aux fiancés, je ne commence pas par leur parler des fameux « quatre piliers » (liberté, fidélité, indissolubilité, accueil des enfants).

Je leur demande la place qu'ils reconnaissent au Christ dans leur mariage.

Même s'ils sont peu ou pas croyants, il ne me semble pas possible de les laisser « passer à l'Eglise » sans se référer au Christ. Sans Lui, il n'y a pas d'Eglise. Et dans le mariage chrétien, c'est la présence du Christ qui est au fondement de tout.

Et il n'est pas suffisant de faire du mariage un signe de l'alliance du Christ et d l'Eglise.

Aussi je rejoins la remarque du théologien Xavier Lacroix

> *« Nous ne nous contentons pas de la formule souvent entendue, dans la prédication en particulier, selon laquelle l'union conjugale est « le signe de l'union du Christ et de l'Eglise ». L'époux qui entend ce propos ne peut retenir une certaine déception : il croyait vivre davantage qu'un symbole... Entre l'alliance conjugale et l'Alliance*

divine, la relation n'est pas seulement de signification ou d'analogie. Elle est aussi de mise en œuvre, de réalisation, d'actualisation. De même que l'union des corps est signe et réalisation de l'alliance nuptiale, de même cette alliance est-elle à son tour signe et réalisation de l'Alliance divino-humaine. » (Xavier Lacroix, *Le corps de chair*, Cerf, 1994, p.302)

Se fondant sur la lettre aux Ephesiens et son commentaire chez les Pères latins, un auteur du Haut Moyen Âge, Hincmar de Reims, affirme qu'avant d'être sacrement au sens classique, les noces sont **porteuses du mystère** même du Christ et de l'Eglise (*habent in se sacramentum Christi et Ecclesiae*). Hincmar ne se situe pas d'abord dans une problématique « signifiant/ signifié », même s'il ne l'ignore pas. Il se demande à quelles conditions une relation entre un homme et une femme est « **habitée** » par le Christ et son Eglise. Le vocabulaire est précis à ce sujet. Il ne dit pas « *significat* », mais « habent nuptiae in se Christi et Ecclesiae sacramentum » : « le mariage *porte en lui le myst*ère *du Christ et de l'Eglise* » (Hincmar, *De nuptiis*, MGH, 99). Et pour Hincmar, dans la consommation charnelle du mariage, se continue l'Incarnation du Fils de Dieu. Ce mouvement de la pensée chrétienne donne à Xavier Lacroix, peut-être à la suite de Robert Bellarmin, l'audace d'écrire :

« Pour le chrétien, l'alliance conjugale n'est pas seulement figure de l'Alliance divine, comme elle l'est dans la tradi-

tion prophétique, mais entrée effective dans la réalité du mystère... Chez saint Irénée en particulier, la relation du chrétien au mystère de l'alliance n'est pas seulement de l'ordre de la signification ou de l'exemplarité, mais elle a un caractère ontologique : réellement greffé, en son corps même, sur le CORPS du Christ, il participe réellement à une vie qui est à la fois le point culminant, l'achèvement, l'actualisation et l'incarnation de l'Alliance de Dieu avec les hommes... Par les sacrements, le chrétien est corporellement greffé sur le mystère d'Alliance divino-humaine. Tous les sacrements sont, en un sens, sacrements de l'Alliance. Si l'on veut éviter que la conception du mariage comme sacrement n'apparaisse que comme une sacralisation d'un lien ou d'une institution, il importe de le concevoir dans sa relation au « baptême » et à l' « eucharistie »... Tandis que, dans l'eucharistie, le chrétien célèbre l'Alliance « sous les espèces » du corps et du sang du Christ, dans la vie conjugale il en vit à la fois le signe et la réalité « sous les espèces » du corps et de la vie du conjoint. »

(Xavier Lacroix, *Ibid., p.301*)

Une des conséquences de cette présence effective du Christ dans le mariage est la grâce secrète mais bien réelle qui est donnée au mariés.

A la mairie, ils s'engagent seuls devant le représentant de l'Etat, et le maire (ou son adjoint) les déclare unis selon les lois de la République. Mais Monsieur le Maire n'est pas a priori personnellement concerné par l'avenir des conjoints (sauf s'il s'agit de sa famille !).

A l'église, c'est le Christ qui s'engage envers l'homme et la femme. C'est lui qui engage Sa Parole et Sa Personne dans cette union d'un homme et d'une femme. Ils ne sont pas deux mais trois à entrer en alliance. C'est envers son Épouse, Eglise, que le Christ renouvelle le don de son amour quand deux baptisés reçoivent son sacrement.

Et quoiqu'il arrive, « *si nous sommes infidèles, lui reste fidèle à sa parole, car il ne peut se renier lui-même.* » (2Tm 2,13). En toute sa vie, en toute sa mort, qu'elle qu'aient été les trahisons, les reniements, les souffrances et la mort qu'Il a subis, le Christ « n'a été *que Oui* » (2Co 1,19).

Dans les épreuves de la vie commune, ce peut être un grand réconfort pour les époux de se tourner vers Jésus qui s'est engagé avec eux. A deux, il est trop tentant de se regarder « en chiens de faïence » et de ne jamais sortir d'un huis clos infernal. Les enfants peuvent aider à briser ce cercle mais plus encore la conscience de l'amour et du pardon du Christ est un ciment solide dans la construction d'´une vie conjugale.

Mais le risque est d'oublier cette grâce secrète du sacrement de mariage et au lieu de s'appuyer sur la présence réelle du Christ, de vouloir s'en sortir « à la force du poignet », quitte à sombrer dans la dépression, le ressentiment ou le désespoir.

Mariage et Eucharistie

Dans ces deux sacrements, l'amour du Christ se dit et se vit par la réalité du **corps** : corps eucharistique du Christ, corps des époux. Dans les deux sacrements,
- Le Christ et son Eglise se tournent vers le Père
- L'Esprit Saint est d'abord invoqué
- Le corps est consacré par une parole.
- Le corps n'est livré que pour être reçu : la communion suit la consécration. La consommation charnelle accomplit le consentement des volontés.

Lors du repas du Jeudi Saint, le Christ offre le vin de ses noces, son sang, pour l'alliance nouvelle et éternelle avec son Epouse, l'Eglise. Il livre son corps par amour, dans un geste eucharistique : *Ceci est mon corps livré pour vous*, qui a aussi un sens conjugal.
- C'est pourquoi toute messe est célébration et participation aux noces du Christ et de son Eglise. Quand le prêtre présente à l'assemblée le Corps et le Sang du Christ à la fin de la Consécration en disant *Par lui, avec Lui et en Lui*, l'assemblée en répondant *Amen*, redit le Oui nuptial de l'Eglise à son Epoux. **Il y a une dimension nuptiale dans l'Eucharistie.**
- On trouve dans la lettre aux Ephésiens : *Le Christ*

a aimé l'Eglise et s'est livré pour elle... Nul n'a jamais haï sa propre chair : on la nourrit et l'on en prend bien soin. C'est ce que le Christ fait pour son Eglise. (Ep 5, 30). **Ainsi il y a une dimension eucharistique dans le mariage,** que soulignent toute la tradition patristique en commentant la lettre aux Ephésiens .

– Cette importance de l'union sexuelle se retrouve chez St Jérôme pour qui l'accouplement de l'homme et la femme, si elle est vécue dans la vérité et l'amour chrétien, reflète l'union sainte du Christ et de l'Eglise.

– Pour Hincmar de Reims, les époux reçoivent un véritable ministère par l'union charnelle, celui de rendre présent le Corps du Christ à son Eglise. :

« *Quand l'homme et la femme deviennent une seule chair par le ministère nuptial, se réalise le fait que toute église devient Corps du Christ en plénitude et que tout fidèle en devient membre.* » (Hincmar de Reims, De Nuptiis, 99, 36)

Ainsi, quand les Pères de l'Eglise interrogent l'Ecriture, ils en tirent les leçons suivantes :

– Par l'Incarnation vécue jusqu'à la mort de la Croix, le Fils de Dieu a connu la condition humaine totalement, et il a épousé l'Eglise dans l'offrande de sa chair.

– Ce don du corps du Christ à son Eglise est vécue par tous les chrétiens dans l'Eucharistie, et par les conjoints dans le Mariage. Ce sont les deux sacrements de l'amour du Christ par le corps.

– Aussi Mariage et Eucharistie sont-ils indissociables, dans ce qui les honore comme dans ce qui les blesse.

– St Robert Bellarmin résumera cet enseignement en écrivant que *L'Eucharistie est semblable au Mariage non seulement dans son action mais aussi dans sa permanence... le jour du mariage, les conjoints sont rendus semblables par le sacrement aux saintes espèces consacrées à la messe.* » (S Robert Bellarmin, De controversiis, III)

– Plus près de nous, le pape Benoît XVI, à la suite de saint Jean-Paul II, explicite le lien entre Eucharistie et Mariage :

> « 27. *L'Eucharistie, sacrement de la charité, fait apparaître un rapport particulier avec l'amour entre l'homme et la femme, unis par le mariage. Approfondir ce lien est une nécessité propre à notre temps. Le Pape Jean-Paul II a eu plusieurs fois l'occasion d'affirmer le caractère sponsal de l'Eucharistie et son rapport particulier avec le Sacrement du Mariage:* « *L'Eucharistie est le sacrement de notre rédemption. C'est le sacrement de l'Époux, de l'Épouse* ». *Du reste,* « *toute la vie chrétienne porte le signe de l'amour sponsal du Christ et de l'Église. Déjà le Baptême, qui fait entrer dans le peuple de Dieu, est un mystère nuptial: c'est pour ainsi dire le bain de noces qui précède le banquet des noces, l'Eucharistie* ». *L'Eucharistie fortifie d'une manière inépuisable l'unité et l'amour indissoluble de tout mariage chrétien. En lui, en vertu du sacrement, le lien conjugal est intrinsèquement relié*

à l'unité eucharistique entre le Christ époux et l'Église épouse (cf. Ep 5, 31-32). » (Benoît XVI, *Sacramentum Caritatis*, n.27),

– C'est pourquoi le mariage est normalement célébré pendant la messe selon les prescriptions du rituel, et la bénédiction seule apparaît, dans la Tradition latine, comme une dérogation pour motif pastoral. Quand des fiancés n'ont pas eu l'occasion d'être admis à l'Eucharistie, je leur propose toujours de les préparer non seulement au mariage mais aussi à la communion pour le jour de leurs noces.

M'inspirant de certains rituels médiévaux, je leur demande :
- de s'avancer vers l'autel et de poser la main droite dessus, pour manifester que c'est en s'appuyant sur le Christ *pierre angulaire* de toute construction sainte, qu'ils s'engagent avec Lui.
- Puis d'aller les chercher les oblats, symbole de la création et de leur travail
- Enfin de recevoir ensemble le pain de la vie et le vin des noces de l'Agneau

Beaucoup sont très émus et découvrent que l'Eucharistie de Jésus, loin d'être un rite abstrait, est au cœur de leur amour et on peut espérer qu'ils reviennent s'en nourrir tout au long de leur vie conjugale.

Eucharistie et « remariage » civil

Le lien entre mariage et eucharistie explique que chez les Pères, de manière unanime, le « remariage » a toujours été considéré comme incompatible avec l'alliance du Christ et de son Église, alors même que dans la société gréco-romaine, comme dans le judaïsme d'alors, une nouvelle union était envisageable. Pour St Ambroise de Milan, par exemple, non seulement le remariage civil est inacceptable pour ceux qui ont été unis en Christ, mais il aggrave la faute en lui donnant un vernis de respectabilité aux yeux de la société et ne représente qu'une tentative sur le plan profane de faire oublier le seul engagement légitime dans lequel Dieu S'est engagé irrévocablement :

> « *Tu renvoies ta femme comme de plein droit, sans grief, et tu te crois permis d'agir ainsi parce que la loi civile te le permet ? Mais la loi de Dieu te l'interdit ! Tu obéis aux hommes ? Redoute Dieu. Ecoute la loi du Seigneur à laquelle défèrent ceux-mêmes qui édictent des lois : « Ce que Dieu a uni, que l'homme ne le sépare pas. » (Mt 19, 6). Mais ce n'est seulement un précepte du ciel, c'est comme un œuvre de Dieu que l'on détruit ici.* » ((St Ambroise, *Tract. In Lucam*, 2, 5)

On lira avec profit le dossier exhaustif établi par Henri Crouzel : *L'Eglise primitive face au divorce*, Beauchesne, 1971.

On a souvent présenté l'impossibilité de communier comme une « punition » du remariage, se situant au plan du droit et opposant à un juridisme étroit et raide, un juridisme libéral et ouvert. Or, la question n'est pas d'abord canonique ou disciplinaire. Elle est spirituelle et il ne s'agit pas de « tolérer » ou non une pratique en dehors de la norme, mais de vivre en vérité le mystère du Christ en son corps.

Plutôt qu'un long exposé théorique sur la question, voici une lettre que j'avais envoyée à une jeune femme « divorcée remariée » pour récapituler avec elle des mois d'accompagnement spirituel

« Chère Isabelle,
Je vous ai demandé de venir à l'Eucharistie, et votre présence désormais régulière et active à la messe du dimanche m'est une grande joie, joie non sans douleur puisque votre communion au Christ reste infirme (au sens classique vous ne pouvez « communier »), mais joie quand même.
Beaucoup s'imaginent que participer à l'Eucharistie, c'est recevoir l'hostie. C'est peut-être pour cela que tant de chrétiens « en situation régulière » arrivent en retard, lisent la Feuille Paroissiale pendant la liturgie de la Parole et repartent avant

la fin de la messe, histoire de ne pas trop faire la queue chez le pâtissier !

C'est oublier que répondre fidèlement à l'invitation du Seigneur, c'est déjà un geste de communion, communion bien réelle : ce n'est pas l'Eglise, c'est le Christ Qui nous convoque : « Faites ceci en mémoire de Moi ».

C'est oublier aussi que l'écoute de la Parole est également un moment de communion indispensable : ce n'est pas le prêtre, c'est le Christ (par la voix du prêtre) Qui nous annonce son Evangile.

C'est oublier enfin que communier au Corps du Christ est l'acte le plus lourd de conséquences que les Chrétiens puissent faire. D'où ces paroles étonnantes de saint Paul aux Corinthiens : « Quiconque mange le pain et boit la coupe du Seigneur indignement aura à répondre du corps et du sang du Seigneur. Que chacun s'éprouve soi-même pour manger ce pain et boire à cette coupe ! Car celui qui mange et boit, mange et boit sa propre condamnation s'il ne discerne pas le Corps. » (1Co, 11, 26-29).

« Discerner le corps », c'est le reconnaître tel qu'il est avec ses richesses et ses exigences. Le Corps dont il s'agit peut bien sûr désigner celui du Christ. Mais c'est aussi l'Eglise, « qui est son corps » (Col.1, 24 ; Ep.5, 23). C'est aussi le mystère de notre propre corps, dont nous oublions trop souvent l'importance spirituelle : « Le corps ... est pour le Seigneur, et le Seigneur pour le corps...Ne savez-vous pas que vos corps sont des membres de Christ?... Fuyez l'impudicité. Tout autre péché qu'un homme commette, ce péché est hors du corps; mais celui qui se livre à l'impudicité pèche contre son propre corps. Ne savez-vous pas que votre corps est le temple du Saint-Esprit qui est en vous ?... Glorifiez Dieu dans votre corps ! » (1Co.6, 13-20). Laissons-nous conduire par les paroles du Christ pour discerner !

Le Christ nous a aimés et S'est livré pour nous (cf. Ga.3, 20). Quand Il nous dit à la messe : FAITES CECI EN MEMOIRE DE MOI, cela veut dire : « Entrez dans le geste d'amour que votre célébration actualise : le sacrifice de la Croix, et vivez de ma résurrection. » En ce sens, l'Eucharistie est le lieu où l'agir de Dieu devient effectivement la source de l'agir de l'homme : elle est la base et le fondement de tout engagement chrétien, en particulier dans le Mariage où la gloire de Dieu repose dans l'union des corps avec autant d'intensité que dans l'hostie consacrée.

Le Christ confie le mystère de son Corps livré pour l'Eglise à ceux qui reçoivent le sacrement de Mariage. Et leur vocation est de porter ce mystère, de témoigner du Christ qui a – irrévocablement – épousé notre humanité.

Si les époux se séparent, le lien qui les unit – loin de se dissoudre – reste la base de leur vie spirituelle, comme un roc qui émerge en temps de basses eaux et sur lequel on peut rebâtir la maison balayée par la tempête (cf. Mt.7, 24-25). Dans ce cas, pour celui qui a été conduit à la séparation ou au divorce, recevoir avec une humble confiance le Corps du Christ devient une nécessité spirituelle pour continuer à vivre pleinement d'une union humainement déchirée, mais divinement portée par Celui Qui S'y est définitivement engagé.

Tout autre est la fondation d'un nouveau foyer, le premier engagement étant mis à l'écart. Le Christ n'en est pas moins présent. Mais pour ceux qui ont repris leur parole, Sa présence au cœur d'un amour nié et abandonné risque bien d'être soit encombrante (elle donne mauvaise conscience), soit insignifiante («J'ai refait ma vie»). Lui, la pierre angulaire, est rejeté par ceux qui (re)bâtissent au prix de l'infidélité humaine et de l'oubli de Sa Parole donnée et de Son Corps livré.

Dans cette situation d'abandon objectif, recevoir le Corps du Christ reviendrait à relativiser Son engagement irrévocable dans l'unique Alliance, à regretter le sérieux de Sa Parole donnée, à s'emparer de Lui et non Le recevoir. Qui invoquerait la miséricorde du Père pour faire violence au Corps de Son Fils ?

La seule démarche de foi alors possible est faite de présence et de distance.

Présence à l'Eucharistie, car vous ne cessez pas de faire partie du Corps du Christ : Les dons de Dieu sont irrévocables. (Rm.11, 29)

Distance, car il y a une situation à convertir, une histoire à assumer dans l'espérance et le respect de corps vulnérables : celui du Christ, l'Eglise et le vôtre. Cette attitude d'attente active que vous avez choisie est signe d'un amour renaissant, un refus de tricher avec la Croix. Et puisqu'il ne vous est pas possible pour l'instant de recevoir le Christ, demandez qu'Il vous reçoive et qu'Il vous accompagne, comme Il a accompagné les disciples d'Emmaüs et les a dirigés vers une Eucharistie qu'ils n'attendaient plus.

La grâce de Dieu fait son oeuvre à distance, ou plutôt en chemin.

Dans cette optique, ne pas recevoir ce Corps, dont vous portez le Mystère par le Mariage, me paraît un acte positif et fructueux : c'est une reconnaissance de Sa présence réelle dans ces deux sacrements (Mariage et Eucharistie) de l'amour du Christ, quelles que soient les misères humaines. C'est croire suffisamment en l'intervention concrète de la grâce de Dieu pour se disposer à une conversion au moment favorable.

Mais c'est aussi rester vigilant, ne pas s'endormir par lassitude, habitude ou tristesse : le Christ invite à Le recevoir : PRENEZ ET MANGEZ, ce qui est un appel à la conversion pour Le recevoir ensuite dignement.

Sinon, ce serait, pour vous particulièrement, une perversion de la pratique religieuse : mon but, en vous demandant de venir à la messe, n'est pas tant de vous intégrer socialement à la communauté paroissiale que de vous présenter au Christ, moi qui ne puis encore pleinement exercer à votre égard le ministère de réconciliation et de communion, qui est la raison d'être de mon sacerdoce.

Chaque dimanche, vous êtes plusieurs à participer ainsi à l'Eucharistie, non par une trop facile communion, mais dans une démarche confiante de conversion.

Le centurion, se reconnaissant indigne, croyait cependant à la Parole du Christ et en recevait la vie, tandis qu'à la Table du Seigneur, Judas en communiant consommait sa trahison : Jésus prit et donna la bouchée à Judas. (Alors), Satan entra en lui (cf Jn.13, 26-27). Soyez donc nos centurions et que le Seigneur me garde de suivre Judas !

Foncièrement, être uni à Jésus, c'est communier à ce qui le fait vivre : *ma nourriture, c'est de faire la volonté de Celui Qui M'a envoyé (Jn.4, 34)*. Si vous êtes animée de ce désir, laissez le Seigneur vous conduire à la communion en vérité. L'Esprit qui anime l'Eglise depuis la Pentecôte, nous incorpore au Fils, et nous fait chercher, comme Jésus, la volonté de Celui Que nous pouvons, par notre baptême, appeler notre Père. Dans cet unique Esprit, vous faites toujours partie du Corps du Christ, mais en vous ce Corps est blessé, soumis à un grave désordre. Prenez le temps de redécouvrir le Christ comme Chemin et Vérité pour vous réinsérer pleinement dans sa Vie.

La Parole S'est faite chair (Jn.1, 14). Le Verbe de Dieu a épousé notre humanité pécheresse pour le meilleur et pour le pire. Et c'est dans cette chair mortelle que le Fils obéit et répond à Celui Qui L'a envoyé. Voyez dans l'épître aux Hébreux : *En entrant dans le monde le Christ dit : Tu n'as voulu ni sacrifice, ni offrande, mais Tu M'as façonné un CORPS... Alors J'ai : VOICI, JE VIENS, car c'est de Moi dont il est question dans le rouleau du Livre pour faire ta volonté, selon laquelle nous sommes sanctifiés par l'offrande du Corps de Jésus-Christ, une fois pour toutes.»* (Hb.10, 5-10)

Tous les baptisés font partie de ce Corps crucifié et ressuscité, y compris ceux qui sont en situation objective d'infidélité (coupable ou non).

Les lois de la nature soumettent nos corps à la matérialité

corruptible. Dans la Création nouvelle, le geste d'amour de Jésus, S'offrant pour nous à son Père, transfigure ce corps de mort (Rm.7, 24) pour en faire le lieu privilégié d'une relation divine : C'est pourquoi nous ne perdons pas courage, et même si, en nous, l'homme extérieur va vers sa ruine, l'homme intérieur se renouvelle de jour en jour. (2Co.4, 16)

Notre réponse au Père est inachevée tant que nous n'offrons pas toute notre personne, jusque dans notre corps, en cohérence avec le Christ : Je vous invite, mes frères, par la tendresse de Dieu, à Lui présenter votre corps en hostie vivante, sainte et qui plaît à Dieu : c'est là pour vous l'adoration véritable. (Rm.12, 1). Il convient que notre attitude ne s'oppose pas à celle du Christ, ou ne la laisse pas de côté. Notre communion serait purement formelle, donc irrespectueuse et indélicate.

Cette offrande de soi, corps compris, est au coeur de l'Eucharistie; elle est aussi la dynamique du Mariage, qui rend effective non seulement l'action du Christ, mais aussi l'attitude de l'Eglise, épouse pardonnée et sanctifiée, de sorte que tous deux ne fassent plus qu'une seule chair. (Cf. Gn.2, 24: Ep.5, 32)

Au geste eucharistique correspond l'état conjugal : le Christ agit et demeure parmi nous. Son action et Sa présence sont rendues visibles par ces deux sacrements au sujet desquels St Paul déclare solennellement :

Il est grand ce mystère : moi, je déclare qu'il concerne le Christ et l'Eglise (Ep.5, 32).

Croyez à ma prière,

Quelques années après, nous nous sommes aperçus qu'il y avait doute sérieux sur la validité de son mariage et l'enquête de l'officialité confirmait qu'il y avait eu une impossibilité. Isabelle à pu se marier. Voici un extrait de sa déclaration d'intention

« Il y a eu une période d'errance, où j'étais ballotée par les circonstances de la vie, engluée dans les émotions, me nourrissant d'une spiritualité diffuse, sans fondations solides....
Puis j'ai été littéralement retournée par la parole de Dieu, et les Evangiles en particulier.... en rencontrant un prêtre qui répondait à mes questions avec ténacité et sans complaisance.
Ce qui m'a fait le plus de mal, je m'en rends compte à présent, c'est d'avoir rencontré des chrétiens compatissants, tellement compatissants qu'ils étaient prêts à accepter l'inacceptable, au point de réduire les évangiles à un livre de sagesse, qu'on interprète et utilise comme bon nous semble, «puisqu'on est pardonné de toute façon».
J'avais besoin d'entendre une parole solide, une parole «vraie», sur laquelle m'appuyer en toutes circonstances. Et cette parole, je l'ai lue, relue, dans tous les sens, parfois pour entendre ce que je désirais entendre ! Elle m'a toujours «décapée».
A tel point que je ne supportais plus de vivre avec mon compagnon comme si rien n'était changé.
S'est alors posée la question de la validité de mon mariage

religieux. Cette procédure fut une épreuve spirituelle particulièrement douloureuse. J'avais accepté cette démarche au bout de quelques années, désirant faire «la volonté du Père», et non la mienne.

Là aussi, j'ai rencontré des prêtres trop «compréhensifs» pour qui l'affaire était entendue avant même d'être spirituellement comprise... Juridiquement pour eux, le dossier ne posait aucune difficulté. Je cherchais le jugement et la volonté de Dieu et c'était le jugement des hommes qui m'était asséné, avant même que tout le monde soit entendu. Si je n'avais pas eu une foi solide, j'aurais pris mes distances avec l'Eglise....

Durant toutes ces années, je n'ai pu communier qu'à la table de la Parole, espérant un jour communier au Corps du Christ. Des chrétiens m'ont «gentiment» invitée dans leur paroisse (à communier), là où se trouvait un prêtre «tolérant». J'ai préféré refuser cette communion trop facile, communion «prise» et non reçue et vécue en plénitude. De même que je refuse un mariage «facile».

Je désire un mariage «dans le Christ», où l'on se donne et où l'on se reçoit comme le Christ S'est donné....»

Isabelle

Amour et fécondité

Cette communion des corps s'ouvrent naturellement à la **fécondité** : la validité de la consécration, eucharistique ou conjugale, n'a d'intérêt que si la communion est féconde spirituellement. Mieux vaut l'abstention que la stérilité. Et il y a parfois plus de grâce à garder la distance en *s'éprouvant soi-même* (1Co 11,28) qu'à une trop facile communion qui ne cherche pas à « *vivre la vérité de l'amour* » (Ep 4, 15 ; cf Ps.84,10). A bien des reprises, le Seigneur fustige la stérilité des apparences et maudit les fausses prières symbolisées par le figuier près du Temple (cf Mc 11,13 -21).

De même, dans l'union des époux, l'accueil de l'enfant concrétise le cœur de l'amour. **Aimer, c'est faire vivre**, transmettre une vie qui vient de Dieu et grandit vers Lui. Et l'éventuelle épreuve d'une stérilité biologique ne peut faire oublier la fécondité spirituelle qui émane toujours d'un mariage authentique.

Dieu aime en transmettant et en partageant sa propre vie, ce que le Nouveau Testament appelle la « vie éternelle ». Jésus, en donnant le pain, souligne : « *Si quelqu'un mange de ce pain, il vivra éternellement. Et le pain que Je donnerai, c'est Ma chair donnée pour que le monde ait la vie.* » (Jn 6,51). En *devenant une seule chair* avec notre humanité, le

Christ a épousé Son Eglise et lui a communiqué le pouvoir d'engendrer les enfants de Dieu et de les faire vivre de la vie éternelle.

Ainsi, le don de l'amour ne peut jamais être séparée du don de la vie, et c'est ce qui fait le caractère boiteux et désordonné des **pratiques contraceptives**. Le corps de la femme est bridé et privé de son potentiel de vie. Accueillir un enfant, c'est accepter l'inattendu et le surgissement d'une personne nouvelle avec son mystère. Un enfant ne se programme pas comme on produit des voitures. Il réserve sa part de surprise.

On retiendra le beau témoignage de Marianne DURANO, après qu'une maternité

Inattendue l'ait libéré de tous les conditionnements qui formataient sa vie affective et asservissait son corps :

« *Mon enfant n'était pas planifié. Ni projet ni fantasme, c'est librement qu'il fut tout simplement accueilli. Sa naissance n'était pas calculée, organisée en fonction du moment le plus opportun. D'après les critères de certains, il aurait dû naître plus tard, d'une mère plus mûre, avec une situation plus stable. ... Non seulement la jeune mère est à la fois coupable et inconsciente, mais elle se trouve enfermée dans une alternative qu'elle n'a pas choisie : la grossesse est soit un projet, soit une tuile...*

Toute grossesse est une rébellion. *Par nature, elle contredit les idéaux d'indépendance, de liberté et d'épanouissement professionnel tant vantés par notre société... Pour ma part, ce fut*

un choc. Cette vie qui explosait dans mon sein, était-ce donc là le danger dont la technique devait me prémunir ? Enceinte, ma féminité m'a paru comme un mystère effarant, un privilège exorbitant qui aurait dû être source de joie et objet de respect, et non pas de suspicion, de déni et de manipulation... A l'école, on m'avait appris comment enfiler un préservatif, me procurer la pilule ou me faire avorter, mais jamais ce qu'il convient de faire quand on attend un enfant. » (Marianne DURANO, *Mon corps ne vous appartient pas*, Albin Michel, 2018)

MARIAGE ET RÉCONCILIATION

Beaucoup de fiancés sont parvenus au mariage après des années parfois tumultueuses, avec des conflits et de séparations. Il n'est plus rare que des fiançailles s'interrompent. Notre époque ne favorise guère la stabilité dans les couples.

Autrefois, les familles assuraient un certain contrôle social qui régulaient les relations conjugales, surtout quand, dans une maison familiale, vivaient une quinzaine de personnes. De plus, le respect des institutions et le souci de la respectabilité incitaient les conjoints à tempérer l'expression de leurs conflits.

Aujourd'hui, la banalisation du divorce et la fragmentation des familles facilitent les séparations. Et il est fréquent que dans leur déclaration d'intention, les fiancés fassent allusion aux tempêtes qu'ils ont dû surmonter avant de se décider au mariage. Ils sont très sensibles au verset de la Genèse où l'homme et la femme « *ne forment qu'une seule chair* », c'est-à-dire unissent leurs fragilités et acceptent les ombres de leurs personnalités respectives.

Or, St Paul, tout comme les Pères à sa suite, est bien conscient que le mariage suppose une certaine aptitude à la réconciliation :

« *Si la femme est séparée, qu'elle reste seule ou qu'elle se réconcilie. Quant au mari, qu'il ne répudie pas sa femme.* » (1 Co. 7,11)

Pour Hincmar de Reims, la réconciliation entre époux est d'une importance capitale, et tandis qu'il ne le mentionne pas pour la célébration des noces, c'est le prêtre qui préside à un retour des conjoints à la vie commune (*De nuptiis*, MGH, 101,21). Une telle réconciliation doit être libre et inspirée par le Christ : «

> « *Qu'ils (mari et femme) se réconcilient, mais qu'ils n'y soient pas forcés. Celui qui a du bon sens, sait comment la réconciliation s'opère. En outre, saint Paul, faisant mémoire de Celui par Qui nous sommes réconciliés avec Dieu, et de Qui nous recevons le ministère de la réconciliation, écrit : nous vous en supplions, laissez-vous réconcilier avec le Christ (2Co.5, 18). Cette réconciliation se fait par la grâce d'un appel de Dieu qui ne contraint pas, et par la décision libre et sans contrainte de l'homme. A propos du juste, il est écrit : « Au temps de la colère, il devint réconciliation. » (Si.44, 17 Vg). Il est donc clair qu'aucun péché ne lui reste imputé. Celui qui sait d'où procède l'accord entre union et réconciliation, connaît le processus et les conditions d'une réconciliation .*» (Hincmar de Reims, *De divortio*, q.4, resp)

La conscience que le Christ s'est engagé avec eux et qu' « *il reste fidèle même si nous sommes infidèles* » (2Tm 2,13), aide à surmonter un face-à-face en huis-clos dont les conjoints *n'arrivent plus, seuls, à sortir sans blessures.* Pour Hincmar, la réconciliation entre époux est un événement ecclésial qui dépasse largement la sphère privée.

Oui, il y a une grâce – secrète mais réelle – du mariage qui ouvre) la réconciliation et au pardon par Jésus, et ce n'est pas un hasard si les deux thèmes sont traités successivement en Matthieu dans les chapitres 18 (pardon) et 19 (mariage).

MARIAGE ET RÉSURRECTION

Jésus semble relativiser le mariage à la seule vie terrestre quand il dit aux Sadducéens qui ne croyaient pas à la résurrection : « *Vous vous égarez en méconnaissant les Écritures et la puissance de Dieu. A la résurrection en effet, on ne prend ni femme ni mari, mais on est comme des anges dans le ciel.* » *(Mt 22, 29-30)*

La question est peu abordée spontanément par les fiancés : la mort n'est pas souvent à l'horizon de leurs projets. Et pourtant, le veuvage est une conséquence normale du mariage. Le grand nombre d'enterrement que je célèbre me rend sensible à la durée et au terme terrestre de la vie conjugale. Vivre le décès de son conjoint, parfois après 50 ou 60 ans de vie commune, c'est déjà vivre un peu sa propre mort. La question est : et après, comment vivre ? A la mort de sa femme, un écrivain note :

> « *L'absence de la personne aimée n'est pas localisée, elle s'étend comme un ciel sur toute chose... En fait, ce n'est pas tout à fait exact. Il y a un lieu où son absence se fait sentir particulièrement, et ce lieu, je ne peux l'éviter. Il s'agit de mon propre **corps**. Ce qui lui donnait tant d'importance, c'était d'être aimé d'Hélène. Maintenant, c'est une maison déserte, du moins pour le moment. Mais soyons lucide !*

Il suffit que la maladie et la douleur physique le touche pour que ce corps reprenne toute son importance...
Comme ma mère, mon père, ma femme est morte d'un cancer.... Il est surprenant que nous ayons ressenti tant de bonheurs, voir tant de gaieté, alors même qu'il n'y avait plus d'espoir. Notre entretien, lors de sa dernière nuit, fut long, serein, profondément gratifiant !
Et pourtant, il y a une limite à l' « une seule chair » : on ne peut vraiment partager la faiblesse, la peur ou la souffrance de quelqu'un d'autre. J'avais mes misères, pas les siennes. Elle avait les siennes, pas les miennes. Nous étions sur deux routes différentes. Cette froide vérité n'est que le début d'une séparation qui ne s'achève qu'avec la mort elle-même... Il m'est difficile de garder mon calme avec les gens qui disent : « Il n'y a pas de mort » ou que « la mort n'est rien ». Si. La mort existe. Ce qu'elle est compte. Et ce qui arrive a des conséquences irréversibles. Le visage de ma femme, sa voix, sa peau à toucher, je ne pourrai plus les atteindre nulle part. Elle est morte l'autre jour. Elle est morte désormais. Ce mot de mort est-il si difficile à apprendre ? »
(CS. Lewis, *Autopsie d'un deuil*, Harper, San Francisco, 2000 (1961), p.9ss, traduit par mes soins)

La formule standard des déclarations d'intention – « être fidèles jusqu'à ce que la mort nous sépare. » a un parfum d'inachevé. Pour les fiancés, l'amour, même précaire, se veut éternel.

Un vieil homme dont j'enterrais la femme me disait : « Maintenant, c'est un autre mode de présence qui commence entre nous. » Et il me semble important de prier non pas seulement **pour** le conjoint décédé mais **avec** lui.

« Si nous vivons, nous vivons pour le Seigneur, si nous mourons pour le Seigneur. Dans notre vie comme dans notre mort, nous appartenons au Seigneur, car le Christ a connu la mort puis la vie pour être Seigneur et des morts et des vivants. » (Rm 14,8-9)

Ceux qui ont vécu mariés dans le Seigneur, comment pourraient-ils mourir dans le Seigneur sans qu'il reste rien de cette alliance consacrée par le Christ, Lui qui rassemble les vivants et les morts ?

Par le baptême, dit St Paul, *« vous êtes **déjà** ressucités avec le Christ... et votre vie est cachée en Christ auprès de Dieu. »* (Col.1,1.3). Quand l'homme et la femme baptisés sont unis par le Christ dans le mariage, ils vivent déjà de la résurrection qui s'accomplira parfaitement avec « la rédemption de leur corps » (cf Rm.8, 23). S'ils étaient donc habités- lors de leur mariage – par l'Esprit qui « ressuscitera nos corps mortels » (Rm 8,3), comment ce même Esprit qui ressuscitera nos corps pourrait-il laisser dissoudre leur mariage en Christ ?

Le Seigneur ne dit pas que les mariages vécus sur terre disparaissent au ciel. Il affirme qu'il n'y a pas de nouveaux mariages à la résurrection : celle-ci récapitule et accomplit notre vie : elle n'inaugure pas une nouvelle existence, une « deuxième vie » qui s'additionnerait à la première.

Dès lors, mari et femme contempleront l'amour de Dieu l'un à travers l'autre, de manière aussi transparente que les anges, « *qui contemplent sans cesse la face de Dieu.* » (Mt 18,10).

En ce sens, ils seront « *comme des anges* » sans cesser d'être des humains de chair et de sang. Comme dit St Jérôme en commentant l'épître aux Ephésiens, dans le mariage, « *nous qui serons semblables aux anges, nous commençons déjà à être ce qui nous a été promis pour le ciel.* » (St Jerôme, *Commentarium in Ep. ad Ephesios*, PL 26 . 555)

Mais quel sera le sens de l'union des corps dans un tel contexte ?

Manger, boire, faire l'amour ont-ils encore leur place dans le paradis ? A quoi servent l'estomac ou la bouche pour des êtres glorifiés ?

Pour Tertullien, le corps de chair ne se réduit pas à ses fonctions et ses besoins matériels. La chair est langage qui peut louer Dieu. Elle a une dimension intrinsèquement spirituelle. On peut la comparer à un instrument de musique : le bois et les cordes qui la composent trouvent désormais leur raison d'être dans l'harmonie qu'ils produisent.

« *VII. La parole, assurément, est un des organes de la chair. La chair est le véhicule des arts ! La chair soutient*

les sciences et le génie. Toute la vie de l'âme est si bien la vie de la chair, que ne plus vivre n'est autre chose pour l'âme que sa séparation d'avec la chair. Aussi le propre de la chair est-il de mourir, parce qu'il est de sa nature de vivre. Or, si tout est soumis à l'âme par l'entremise de la chair, tout est soumis également à la chair: il faut nécessairement que l'instrument soit associé à la jouissance. La chair, par le ministère qu'elle prête à l'âme, est donc reconnue sa compagne et sa cohéritière: cohéritière des biens temporels, pourquoi pas des liens éternels?
LXI. Mais, ô homme! as-tu reçu une bouche pour manger et pour boire? ou plutôt n'est-ce pas pour parler, afin de te distinguer des animaux; pour prêcher Dieu, afin de l'élever même au-dessus des hommes?
LXII. Enfin, Jésus-Christ n'a pas dit: « Ils seront des anges, » de peur de nier qu'ils dussent être hommes; il a dit: « Comme des anges, » afin de les conserver toujours hommes. Leur attribuer la |539 ressemblance, ce n'était pas leur enlever leur substance.
LXIII. L'âme ne saurait être une prostituée, pour être reçue toute nue par son époux : elle a pour vêtements, pour parure, pour biens, sa propre chair qui l'accompagnera comme une sœur de lait. Mais bien plutôt c'est la chair qui est l'épouse, elle qui a consommé les noces avec l'Esprit, son époux, grâce au sang de Jésus Christ. » (Tertullien, De resurrectione mortuorum, 7, 61-63, 1-3)

L'union des sexes, sous une modalité que nous ne pouvons pas imaginer, rayonnera – comme don de soi et réception de l'autre par amour – la communion éternelle à l'intimité de Dieu. Et elle trouvera là sa perfection.

Et il est significatif que le retour du Christ soit décrit de façon nuptiale :

« Puis je vis un nouveau ciel et une nouvelle terre... Et je vis descendre du ciel, d'auprès de Dieu, la ville sainte, la nouvelle Jérusalem, préparée comme une Épouse parée pour son Époux. » (Ap.21,1-2)

Cette perfection n'est pas un point final mais l'épanouissement plénier que désire tout amour. La vie conjugale et familiale chrétienne est tendue vers cet avenir, tout comme l'Eglise vers le retour du Christ : « *L'Esprit et l'Épouse disent : Viens !* » (Ap.22,17)

> *« L'évangile de la Famille traverse l'histoire du monde depuis la Création de l'homme à l'image et ressemblance de Dieu jusqu'à l'accomplissement du mystère de l'Alliance divine dans le Christ à la fin des siècles avec **les noces de l'Agneau.** »* (Pape François, *Amoris Laetitia*, 63)

Sacerdoce et mariage

On confond souvent le vœu de chasteté des religieux et le célibat sacerdotal des prêtres diocésains.

Le premier est un renoncement aux biens terrestres même légitimes dans la perspective d'une offrande radicale de toute sa personne, corps compris, à Dieu. C'est un témoignage qui rappelle à tous que notre vie ne trouve son sens ultime que dans l'attente du retour du Christ, quand Dieu sera enfin « *tout en tous* » (1Co 15,28). Les trois vœux des religieux ont une dimension essentiellement eschatologique.

Le célibat sacerdotal est lié à l'amour du Christ pour son Eglise.

Le prêtre reçoit mission de veiller sur la famille de Dieu, un peu comme St Joseph a reçu la charge de la Sainte Famille. Il est époux et père, non pas de lui-même et pour lui-même, mais par appel de Dieu et pour la gloire de Dieu.

Comme Jean Baptiste, il est l'« *ami de l'Epoux* » (Jn 3,29) qu'il désigne comme l'agneau de Dieu et il invite le peuple au festin des noces.

A ce double titre, le prêtre vit profondément une conjugalité, celle du Christ et de l'Eglise, notamment dans l'Eucharistie. Il y tient la place du Christ qui livre son corps par amour de son Eglise (cf Eph. 5,25-27).

C'est ce que rappelle saint Jean-Paul II dans sa lettre « Pastores dabo vobis » : *Le don que le Christ fait de Lui-même prend le sens original du don propre de l'époux avec son épouse... Jésus est l'Epoux véritable qui offre le vin du salut à l'Église.... L'Église est aussi l'Epouse qui sort comme une nouvelle Ève du côté ouvert du Rédempteur sur La Croix. C'est pourquoi le Christ Se tient devant l'Église, la nourrit et en prend soin par le don de Sa vie pour elle. Le prêtre est appelé à être l'image vivante de Jésus Christ, Époux de l'Église.... il est appelé, dans sa vie spirituelle, à revivre l'amour du Christ Époux envers l'Église Épouse. Sa vie doit être illuminée par ce caractère sponsal du Christ. Ainsi sera-t-il capable d'aimer les gens avec un cœur nouveau, grand et pur, avec un authentique détachement de lui-même, dans un don de soi total, continu et fidèle. Et il en éprouvera comme une jalousie divine (cf 2Co 11,2), avec une tendresse qui se pare même des nuances de l'affection maternelle, capable de supporter « les douleurs de l'enfantement » jusqu'à ce que « le Christ soit formé » dans les fidèles... Le contenu essentiel de la charité pastorale est le don total de soi-même à l'Église, à l'image du don du Christ, et, en partage avec Lui.»* (JP II, Pastores dabo vobis, 22-23).

Dans l'excellent livre de Jean Mercier sur le célibat des

prêtres, on peut lire le témoignage d'un pasteur anglican marié devenu prêtre catholique :

> *« Pour être prêtre, il faut être amoureux de l'Eglise, comme le Christ a un lien charnel avec l'Eglise, ainsi que le décrit le passage d'Ephésiens 5. C'est le grand mystère qu'il faut vivre. Dans la Bible, la dimension des épousailles est extrêmement importante, la sexualité est métaphore de la vie spirituelle. Voyez le Cantique des Cantiques. Et le Christ s'inscrit dans cette ligne-là... Je crois que le célibat consacré ne peut être vécu que dans cette réalité nuptiale, sinon c'est invivable. Je suis amoureux de l'Eglise, c'est un mystère que je vis spirituellement. J'aimerais porter deux alliances, collées, avec dans l'une la date de notre mariage, dans l'autre mon ordination. Il y a corrélation entre notre couple et notre amour de l'Eglise... Cette double réalité nuptiale est inscrite dans une réalité de vie. Sinon, on est dans le théorique. Le prêtre que je suis doit vivre la paternité spirituelle. Il est le père de sa communauté. On ne peut vivre cette paternité que si l'on est l'époux de l'Eglise. J'ai de très bons rapports avec mes enfants, mais je vais de moins en moins exercer ma paternité avec eux, et toujours plus avec mes paroissiens.»*
> (Jean MERCIER, *Célibat des prêtres : la discipline de l'Eglise doit-elle changer ?*, Artège, 2014, p.237)

La spiritualité du prêtre diocésain est essentiellement conjugale et paternelle : c'est là qu'il trouve son équilibre affectif et spirituel.

Ce bref parcours est l'occasion de redécouvrir le caractère central de l'Alliance tant dans la Bible que dans la vie quotidienne des chrétiens.

Le langage du corps déborde largement le mariage lui-même, mais celui-ci éclaire de manière singulière la réalité et signification spirituelle de notre identité sexuée.

Terminons par cette adresse du Pape Jean-Paul II aux jeunes

> « Dieu a créé l'être humain, homme et femme, introduisant ainsi dans l'histoire du genre humain la « dualité » avec une entière parité, si l'on pense à la dignité humaine, et avec une merveilleuse complémentarité, si l'on pense au partage des attributions, des qualités et des tâches, liées à la masculinité ou à la féminité de l'être humain.... Oui, à travers l'amour qui naît en vous – et doit s'inscrire dans le projet de toute la vie – vous devez voir Dieu Qui est amour.
>
> ... Quand le Christ dit : « Suis-Moi », Son appel peut signifier : « Je t'appelle à un autre amour encore » ; cependant très souvent il signifie : « Suis-Moi », suis-Moi, Moi, l'Epoux de l'Eglise – de Mon épouse ... ; viens, deviens toi aussi l'époux de ton épouse ..., deviens toi aussi l'épouse de ton époux. Tous deux, participez à ce mystère, à ce sacrement, dont la lettre aux Ephésiens disait qu'il est « grand », grand parce qu'il « s'applique au Christ et à l'Eglise »…. Je voudrais que vous croyiez et que vous vous

convainquiez que ce « grand mystère » humain a son principe en Dieu Qui est le Créateur, qu'il s'enracine dans le Christ rédempteur, Lui Qui, comme Epoux, « S'est livré Lui-même » et qui apprend à tous les époux et à toutes les épouses à se « livrer » avec toute la dignité personnelle de chacun et de chacune. Le Christ nous apprend l'amour nuptial. » (Jean-Paul II, lettre aux jeunes, 31/05/1985)

L'objet de ces quelque notes pastorales était d'en donner l'illustration.

Note sur l'auteur

Philippe de KERGORLAY, né en 1953. Après des études commerciales (EDHEC), il est ordonné prêtre le 8 décembre 1984 à ND de Paris.

Vicaire de paroisse à Paris pendant 8 ans, il est ensuite nommé aumônier à l'hôpital Lariboisière 3 ans, puis aumônier militaire 3 ans pendant la guerre en Bosnie, puis aumônier à la prison de Fresnes (hôpital, psychiatrie et Femmes) pendant 11 ans.

Depuis 10 ans dans le diocèse de Meaux, actuellement curé du pôle missionnaire de Chelles, aumônier des lycées, délégué de l'évêque pour les relations avec les musulmans, membre du Conseil Presbytéral.

L'accompagnement de nombreux délinquants sexuels en prison et son rôle de confesseur à St Louis d'Antin pendant 7 ans l'a rendu attentif au sens biblique de la sexualité et à l'importance de l'alliance conjugale.

Après 35 ans de sacerdoce, ces quelques notes sur le sens biblique du mariage catholique sont le fruit de la prière et de nombreuses rencontres.

Table des matières

Préface — 5

Introduction — 8

Les récits d'origine — 15

Genèse 1 : Homme et femme Il les créa — 17

Genèse 2 : solitude et communion de l'homme et de la femme — 28

Genèse 3 : Le péché, trouble dans l'amour — 42

L'alliance entre Dieu et son peuple : de la vassalité à la conjugalité — 51

L'alliance conjugale chez les Prophètes — 54

L'amour conjugal dans les écrits de Sagesse — 69

NOUVEAU TESTAMENT
Les noces du Christ et de l'Eglise — 76

Les noces de Cana Jean 2,1-11	87
Ephésiens 5, 21-33 : l'amour du Christ et de l'Eglise	95
CONCLUSION de ce parcours biblique	110
Le corps, lieu des relations humaines	115
La présence effective du Christ dans le mariage	119
Mariage et Eucharistie	123
Eucharistie et « remariage » civil	127
Amour et fécondité	137
Mariage et réconciliation	140
Mariage et résurrection	143
Sacerdoce et mariage	149